국내 최초로 밝히는
챗GPT 취업 실전 마스터

챗GPT
자기소개서

이제 챗GPT 채용 시대가 온다

▎ 이제 채용트렌드부터 파악하자!

"코치님! 챗GPT를 활용해야 할지, 아니면 전혀 쓰지 말아야 할지 혼란스러워요."

한 대학생이 필자에게 질문을 던졌다. 대학교에는 공문이 와서 챗GPT로 작성한 레포트는 받지 않겠다는 교수님도 계시고, 어떤 회사는 챗GPT로 쓴 지원서를 걸러내는 프로그램을 쓰겠다고 한다. 쏟아지는 정보 홍수 속에 혼란이 가중되고 있고 채용 현장에서 어떻게 준비해야 할지 고민스러워졌다.

'취업'이라는 큰 산을 넘기 위해서는 먼저 채용시장을 넓고 멀리 바라봐야 한다. 눈앞의 정보에만 급급해 적성에도 맞지 않고 장기적 안목 없이 어디든 취업 공고가 났다고 하면 우르르 그쪽으로 몰려가고 '합격 자기소개서 샘플'이라고 하면 기를 쓰고 베끼는 방식으로는 합격하기 어렵다. 운 좋게 서류합격 후에는 면접에 가기를 바라며 면접 기출문제 족보 구하기에만 급급했다. 이제는 오픈AI의 대화형 인공지능 챗GPT를 활용하지 않고서는 취업하기 어려운 시대가 왔다.

당장 인터넷에 떠도는 합격 자기소개서와 지원서를 대조하는 프로그램을 통해서 걸러내는 상황이다. 전략 없이 전술이 성공할 수 없다. 쉽게 이야기하자면, 시험을 잘 보려면 출제자의 의도를 파악해 좋은 해답을 찾아야 하듯이 취업에 성공하려면 먼저 채용시장부터 파악하고 자신의 역량을 확인한 다음에 가고 싶은 곳 채용담당자의 심리를 이해해야 한다. 마치 '물고기'가 아니라 '물고기 잡는 방법'을 익히는 것과 같다.

먼저 챗GPT를 어떻게 활용해야 하는지 질문하는 방법을 알아야 한다. 손쉽게 질문하려 하지 말고, 직접 의문을 던져야 한다.

챗GPT를 활용해서 최적화하라

취준생은 AI 채용이나 챗GPT가 어느 날 갑자기 하늘에서 뚝 떨어진 것으로 생각하며 어떻게 취업을 준비해야 하는지 갈피를 못 잡고 있다. 실제 현장에서 취준생들을 만나보면 챗GPT 등장으로 채용 방식에 혼란을 느끼고 있다. 챗GPT로 지원 준비했다가 낭패를 본다는 기사도 있고, 챗GPT로 채용 시스템이 바뀔 것이라는 소리도 들린다.

챗GPT가 자기소개서에 활용되면서 변별력 문제가 대두되고 있다. 자기소개서가 당락을 결정하는 것은 아니지만, AI의 개입으로 신뢰도를 잃을 수 있어 채용 방식 변화를 불러일으킬 수 있다. 앞으로는 인성검사·적성 검사와 AI를 활용한 면접, 과제 등이 지원자 변별력을 기르기 위해 다양하게 쓰일 전망이라, 채용 플랫폼과 기업 인사담당자들도 이에 대비하고 있다.

챗GPT 사용으로 자기소개서의 수준이 올라간다!

업계에서는 챗GPT를 활용하면 자기소개서 수준이 올라간다고 예상하고 있다. 구직자의 간단한 정보 입력으로도 그럴듯한 자기소개서가 만들어질 수 있고, 첨삭도 가능하기 때문이다. 챗GPT가 작성해 주는 자기소개서가 천편일률적일 수도 있다는 우려도 있지만, 오히려 더 개인화된 내용을 담고 파악할 수 있게 될 것이라는 의견도 있다. 챗GPT가 자기소개서를 첨삭하면서 진부한 표현을 걸러낼 수 있고, 개인화 요소를 강조할 수 있는 문장을 추천해줄 수 있다는 얘기다.

다만 챗GPT 사용이 보편화되면 자기소개서의 변별력이 없어질 것이라는 예상도 있다. 챗GPT로 자기소개서 수준은 올라갈 수 있으나, 오히려 모든 자기소개서가 비슷한 수준으로 발전할 수 있다. 자기소개서가 변별력을 갖기 위해 구직자들의 능력이 개입될 수밖에 없고, 여기서 차이가 생길 전망이다. 과거 지원자는 영어 학원이나 컴퓨터 학원에서 시간을 많이 투자하는 경우가 많았지만, 기업과 공공기관에서 역량과 직무에 대한 부분에 초점을 두다 보니 자기소개서와 면접 비중이 높아졌다고 볼 수 있다. 하지만 챗GPT 등장으로 점차 상향 평준화가 될 가능성이 커지고 있다.

채용업계는 다양한 검증 수단이 떠오르게 될 것으로 예상한다. 인크루트는 지원자 검증을 위해 메타 검사를 선보였다. 2022년 11월에 정식 출시한 메타 검사는 지원자의 다차원 지능을 진단할 수 있는 문제해결능력 게임(Problem Solving Game, PSG)과 기업별 인재상과 핵심가치 등에 맞게 진단 항목을 최적화할 수 있는 'AI PnA(Personality and Adaptability)'로 구성됐다. 채용 검증 도구에 게임적 요소를 접목해서 지원자의 지능과 역량을 검증하는 데 활용하는 것이다. 신입 채용에서는 이력서와 자기소개서 검토가 경력 채용보다 더 중요하게 여겨진다. 챗GPT 활용으로 자기소개서 중요성이 낮아진다면, 기업들은 다음 단계인 인·적성이나 면접에 힘을 더 실을 수 있다. 추가적인 검증이 필요해지기 때문이라고 강조했다.

챗GPT 등 AI 기술, 회사에 더 유리할 수도 있다?

AI가 작성한 자기소개서를 걸러낼 수 있는 서비스가 나오면서 채용담당자도 적합한 인재 채용에 챗GPT를 활용할 것으로 보인다. 잡코리아가에서 자기소개서 검토 시 AI 분석을 통해 표절률 결과를 알려주는 서비스를 내놓은 것처럼, AI가 오히려 AI 자기소개서 감별사 역할을 할 수 있다. 한 대기업 채용담당자는 "지원자도 챗GPT를 활용할 수 있겠지만, 회사도 이미 AI 서류 분석이나 AI 면접을 도입한 데가 많다"며 "결국 최종 당락이 결정되는 면접에서는 AI 기술이 사측에 유리하게 적용할 것으로 생각한다"고 말했다.

다른 대기업 채용담당자는 "AI가 써주는 게 획일적이라고 하면 채용 관점에서 후보자 검증을 위한 또 다른 방향성을 모색할 것이고, 자기소개서는 참고용으로 볼 수 있을 것 같다"고 예상했다. 챗GPT 채용에 대해 오해가 난무하고 있지만, 어느 날 갑자기 AI 채용이 나타나지는 않았다. 이미 세계적인 기업은 AI 채용을 하고 있다. 지원자는 챗GPT 채용을 잘 몰라서 더 시중에 떠도는 소문에 의존하게 된다. 무엇보다 챗GPT로 취업과 채용을 어떻게 준비해야 하는지 알아야 한다.

┃ 챗GPT 채용, 구조화 기법을 활용하라

면접도 마찬가지다. 다수의 면접관으로부터 여러 차례 심층 면접을 받아야 한다. 그만큼 면접 실전 투자가 필요하다는 얘기다. 단순히 머리로 이해했다고 해도 실제 면접에서 어떤 답변을 하고 어떤 식으로 행동할지는 직접 해보지 않으면 모른다. 국내 기업의 면접 시간이 평균 10분이라면 외국 기업의 면접 시간은 2시간이 넘는다. 지원자는 직접 면접관의 심리를 읽지 않으면 블라인드 면접에 대한 이해의 폭이 좁을 수밖에 없다. 시험문제를 잘 풀려면 출제자의 의도와 채점 기준을 알아야 하듯, 면접관이 되어봐야 면접관의 마음을 알 수 있다.

이 책은 지원자가 채용담당자 심리를 이해하고 실제 채용에서 자기소개서를 작성할 때 유의할 점과 면접에서 면접관의 질문에 답변할 수 있도록 실전에 쓸 수 있는 것만 담았다. '면접(面接, interview)'이란 사람과 사람이 만나서 서로 보는 것이다. '면접관(面接官, interviewer)'이 '면접자(面接者, interviewee)'를 일방적으로 보는 것이 아니다. 보통 '피면접자(被面接者, interviewee)'라는 말도 쓰는데, '被'는 당한다는 말로 어감이 좋지 않으니 쓰지 않는 것이 좋다. 면접자와 면접관이 헷갈릴 수 있으니 이 책에서는 면접자 대신 '지원자'라고 하겠다.

지원자 대상 교육에서는 대부분 외모와 관련 있는 이미지를 가르치고, 반대로 면접관 대상 교육에서는 첫인상의 불변 법칙에서 벗어나 타당도 높은 역량면접 기법을 가르친다. 사정이 이렇다 보니 '불일치(mismatching)' 될 수밖에 없다. 역량면접 교육을 받은 면접관에게 지나치게 외모를 꾸며 보인들 소용없다. 아직 많은 지원자가 정작 중요한 면접관의 심리를 놓치고 있다.

| '떠먹을 생각'을 내려놓고 '직접 질문할 생각'을 하라!

챗GPT 채용은 '떠먹을 생각'을 내려놓아야 한다. 내가 차리지 않고 다른 사람이 사용했던 숟가락만 들겠다는 생각이 결국 합격에 이르지 못하게 한다. 좋은 결과가 나온 지원자는 '직접 해먹을 생각'을 갖고 노력했다. 물론 넘쳐나는 데이터 속에서 어떤 것이 쓸모 있는지 분간하기란 쉽지 않다. 공기업 지원자에서 사기업 지원자에 이르기까지 누구든 챗GPT, AI 채용에서 자유롭지 않다. AI 채용에서 합격의 승패는 바로 스스로 채점자의 의도를 찾고 내가 어떻게 이야기하고 어떤 태도를 보이느냐에 따라서 결정된다.

많은 취준생이 챗GPT 채용에 대한 잘못된 정보에 혼란을 겪거나 불안해하고 있다. 이러한 혼란과 불안감을 줄여주는 것이 이 책의 역할이다. 챗GPT 채용 지원자에게 자기소개서 질문 해석부터 면접에서 말하기를 구체화하는 방법까지 여러 측면에서 맥락을 정확히 짚어주고자 노력했다. 사실 챗GPT 채용에서 중요한 것은 얼마나 알고 있는지보다 당장 실천할 수 있는지를 알려주는 데 있다. 무작정 자기소개서를 쓰거나 면접 합격만을 생각하기 전에 자기소개서 검토자와 면접관의 심리와 의도를 고민해야 한다. 이 책이 AI 채용 시대에 챗GPT를 활용해 자기소개서와 면접을 대비하는 길라잡이가 될 수 있으면 좋겠다.

저자 **윤영돈 · 김영재**

챗GPT 크롬 확장프로그램 9가지

1. 프롬프트 지니

프롬프트 지니: ChatGPT 자동 번역기
ChatGPT 쓸 때 질문을 영어로 번역해 주고, 답변도 한글로 번역해 주는 번역기입니다.
★★★★★ 91 생산성

인공지능 대화 생성 엔진인 GPT-3를 활용하여 자연어로 대화를 나눌 수 있는 크롬 확장프로그램이다. 프롬프트 지니로 한글 번역 기능을 사용하면 2~3배 빠른 응답과 2~5배 긴 문자 수 출력이 가능하다. 이제 마우스 버튼 없이 키보드 입력만으로 프롬프트 지니를 사용할 수 있다.

2. DeepL

DeepL Translate: Reading & writing translator
⊘ deepl.com
Translate while you read and write with DeepL Translate, the world's most accurate translatc
★★★★★ 3,254 생산성

2017년 독일 AI 기업이 출시한 번역기, '딥엘(DeepL)'도 쓸만하다. 전 세계 10억 명 이상이 사용하고 있고, 최근 한국어도 추가되었다. 텍스트뿐 아니라 PDF, PPT, 워드 파일까지도 문맥을 파악하면서 자연스럽고 매끄러운 문장으로 번역해 준다는 장점이 있다.

3. Chat GPT for Google

구글 검색창에서 챗GPT를 활용하여 답변을 생성해주는 크롬 확장프로그램이다. 구글에서 검색을 하다가 궁금증이 생겼을 때, 이 확장프로그램을 이용하면 구글의 검색 결과를 바탕으로 자연스러운 대화를 나눌 수 있다.

4. Web Chat GPT

인터넷 접속이 가능한 챗GPT이다. 이를 사용하면 2021년 이후의 정보나 GPT가 알지 못하는 정보를 검색할 수 있다. 검색 결과를 챗GPT 결과에 반영하고 출처 링크를 표시해준다.

5. 챗GPT Writer

글쓰기를 도와주는 크롬 확장프로그램이다. 이 프로그램은 챗GPT를 이용하여 글의 주제와 내용을 자동으로 생성해주며, 사용자가 직접 수정하게 해 더 나은 글을 작성하도록 도와준다.

6. AIPRM for Chat GPT

SEO, SaaS 등을 위한 정제된 프롬프트 템플릿 목록이 챗GPT에 추가된다. 이 프로그램은 이메일, 텔레그램, 슬랙 등에서 사용할 수 있으며, 사용자가 질문을 하면 자동으로 답변을 생성해주어 시간과 노력을 절약할 수 있다. AIPRM의 장점으로는 SEOs, 마케터, 판매자, 지원자, 카피라이터 등을 위해 특별히 설계된 챗GPT 프롬프트의 정제된 선택을 한 번의 클릭으로 접근할 수 있다는 점이다.

7. Tactiq

Google Meet, Zoom 및 MS Teams 회의를 실시간으로 자동으로 전사하는 프로그램이다. 이를 사용하면 챗GPT를 사용하여 회의 요약, 작업 항목 및 다음 회의 일정을 생성할 수 있다.

8. YouTube Summary With ChatGPT

YouTube Summary with ChatGPT
⊘ glasp.co 📍 추천
Use ChatGPT to summarize YouTube videos
★★★★★ 176 생산성

OpenAI의 챗GPT AI 기술을 이용하여 유튜브 영상의 요약을 빠르게 볼 수 있게 해주는 무료 확장프로그램이다. 빠른 학습으로 시간을 절약할 수 있다는 장점이 있으며 유튜브 스크립트 요약도 가능하다. 유튜브에서 동영상을 검색할 때 동영상 썸네일에 있는 요약 버튼을 클릭하여 영상의 요약을 빠르게 볼 수 있다.

9. ShareGPT

ShareGPT: Share your ChatGPT conversations
ShareGPT is a Chrome extension that lets you your wildest ChatGPT conversations with one
★★★★★ 58 블로그

챗GPT와 대화를 나누었던 내용을 쉽게 공유할 수 있는 크롬 확장프로그램이다. 결과물을 외부와 공유하고 파일로 다운로드할 수 있다. 이러한 챗GPT 크롬 확장프로그램들은 다양한 분야에서 활용될 수 있으며, 사용자의 필요에 따라 선택하여 사용할 수 있다.

차례

1장_ AI 채용의 오해와 진실

2장_ 챗GPT 활용 채용의 이해 - 회사, 직무, 나와의 연결점

Contents

3장_ 챗GPT로 자기소개서 어떻게 써야 하나요?

4장_ 챗GPT로 면접을 시뮬레이션해보기

Open AI

-Chat-GPT-

1장

AI 채용의 오해와 진실

AI 면접관의 등장

. . . .

"AI가 사람을 뽑는다고 그게 말이 돼?"

한국에서도 이제 AI 채용 트렌드 이슈가 부각되고 있다. 'AI 채용'이란 말 그대로 채용 전형에 AI(Artificial Intelligence, 인공지능) 프로그램을 활용하는 것이다. 간단하게 지원자의 자기소개서 검토 등에 사용되던 AI 시스템은 면접으로까지 역할을 확대하고 있다.

첫 번째, AI를 통해 지원자의 적합성을 측정한다.

최근 사람인의 조사에 따르면 채용 분야에서 AI는 '역량평가(76.5%)'와 '화상면접(29.4%)'에 가장 많이 사용된다. 대면 면접 단계로 가기 전에 후보자가 회사에 적합한지 알아보는 기초 단계이다.

회사마다 방법은 다양하지만, AI 면접은 미세한 표정과 음성 등 면접 대상자의 언행 특성을 AI가 포착해 소통 능력 항목별로 지수화해 평가하는 식으로 이루어진다. 컴퓨터에 장착된 카메라와 마이크를 통해 비대면 형식으로 치러지는데 응시자 표정, 얼굴색 변화, 음성의 높낮이,

답변 속도, 자주 쓰는 단어 등 외면적 요소와 계획, 호감도, 조직 적합, 열정 등 내면적 요소를 AI가 빅데이터를 활용해 실시간으로 분석해 평가한다. 텍스트 데이터를 벡터로 변환하는 '텍스트 인식', 음성 신호의 특징을 추출하는 '음성 인식', 이미지에서 얼굴을 검출해 표정을 분석하는 '이미지 인식' 등 다양한 AI 기술이 적용돼있다.

AI가 인간과 비슷한 결정을 내릴 수 있는지 여전히 의문을 제기하는 이는 많지만, 올바른 고용을 위한 선택지로 활용되고 후보자의 상대적 적합성을 측정하는 방식이 데이터 축적에 따라 나날이 지능화, 고도화 되고 있어 잠재력이 매우 크다.

두 번째, 자동화된 스크리닝 소프트웨어로 지원자를 걸러낸다.

채용담당자가 많은 지원서를 처리하는 것은 힘든 일이다. AI 채용 소프트웨어는 자동화된 스크리닝을 통해 많은 지원서 중에서 가장 적합한 후보를 식별한다. 이러한 소프트웨어는 이력서, 지원서 및 소셜미디어 프로필과 같은 다양한 소스에서 데이터를 수집하고 적합성을 결정하는 데 사용된다. 'AI 지원자 추적 시스템(Applicant Tracking System, ATS)'을 통한 이력서 구문 분석을 거쳐 데이터를 추출하여 적합한 자격, 경험 및 순위를 적절하게 지정하여 고유한 프로필을 만드는 일이다. 소위 서류심사를 AI에게 맡기는 것인데, 자격에 못 미치는 사람을 1차로 걸러내는 것만으로도 인사담당자의 단순 노동을 줄여줄 수 있다.

AI는 1명의 자기소개서를 평가하는 데 평균 3초, 1만 명을 분석하는 데 단 8시간을 소요한다. 인사담당자가 처리하려면 10명을 투입해도 하루 8시간씩 꼬박 일주일이 걸리는 분량이다. 국내 기업에서도 이와 관련한 다양한 사례가 있다.

롯데그룹의 IT 계열사인 롯데정보통신(www.ldcc.co.kr)은 최근 3년 안에 입사한 직원 가운데 높은 성과를 올린 사람들의 자기소개서와 업무 평가 등을 분석해 AI에게 딥러닝(심층 학습)을 시켰다. AI는 학습한 내용과 자기소개서를 비교해 새로운 지원자가 해당 직무에 적합하다고 판단할 수 있는 부분을 부각해 인사담당자에게 제시한다. 상반기 채용에서 필요 인재 부합도, 직무적합도, 자기소개서 표절 여부 등 세 가지 영역에서 AI를 활용했으며 하반기에는 AI 채용을 전 계열사로 확대했다. 공채 서류전형을 주관한 롯데 관계자는 "필요 인재 부합도에서 고득점을 얻은 지원자가 직무면접에서도 좋은 평가를 받았다"고 설명했다. 또한 "AI를 활용해 보니 지난해 10여 일 걸리던 자기소개서 검토 시간이 8시간으로 줄어들었다"며 "인사담당자의 주관적 판단을 최소화하고 같은 기준과 잣대로 평가해 공정성과 객관적 신뢰성을 높일 수 있었다"고 덧붙였다. 인사담당자들은 이를 서류전형 합격 여부를 판단하는 데 참고한다.

AI는 다른 사람의 것을 표절한 자기소개서도 걸러낸다. 똑같은 단어가 겹친 문장의 경우 AI는 온라인이나 SNS에 올라와 있는 각종 자기소개서, 연구 논문, 지원자가 졸업한 학교 선배들의 자기소개서와 비교 분석해 표절률이 몇 퍼센트인지 산출한다. 현재 CJ그룹, 한국전력, 고려대 등이 자기소개서 분석에 AI를 활용하고 있다.

세 번째, 방대한 지원자의 데이터 기반 채용으로 공정성을 확보한다.

데이터는 방대할수록 미래의 후보자를 가려내는 데 도움을 줄 수 있다. 물론 데이터 그 자체가 목적이 아닌 수단으로 사용될 때, 인간이 더 나은 결정을 내릴 수 있도록 돕는 역할로 제한한다면 말이다.

대표적인 사례로는 2017년부터 시작된 유니레버(www.unilever.co.kr)의 채용 과정인 신경과학 게임이다. 이 게임은 집중력, 기억력, 위험과의 관계, 감정 등 다양한 특성을 테스트한다. 이를테면, 위험을 테스트하는 게임은 응시자에게 가능한 많은 돈을 모을 수 있는 3분의 시간을 준다. 펌프를 클릭하면 풍선이 5센트씩 부풀어 오른다. 사용자는 언제든지 수금을 할 수 있지만, 풍선이 터지면 돈을 받지 못한다. 위험을 무릅쓰지 않고 안전하게 적은 돈을 가져가는 사람과, 한계까지 몰아붙이는 모험적인 성향의 사람을 나누는 것이다.

유니레버는 다양한 방식의 게임을 제안하고 그 결과를 데이터로 확보하여 미래의 새로운 후보자를 측정하는 벤치마크로 활용하는 것으로 알려졌다. 국내에서도 게임 방식의 AI 채용 시스템이 개발되어 상용화됐다. 다만 이 데이터를 후보자 검증에 재활용하는지는 알려지지 않았다. 긴 시간을 할애하도록 하여 집중력과 성실도를 점검한다. 채용을 심사하는 인력은 제한되어 있기에 수적으로 많은 지원자를 제대로 걸러내기에는 필연적으로 힘들 수밖에 없다.

AI 채용은 사람이 가진 편견에서 벗어나게 한다

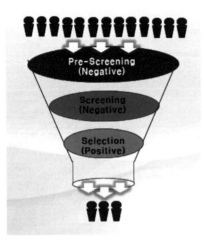

채용 프로세스

'프리스크린(pre-screening)'은 서류전형에서 자격이 미달하거나 부적합한 사람을 골라내거나 인·적성 검사로 특정 조직에 부적합한 능력을 지닌 사람을 가려내는 데 초점을 둔다. 이를 바탕으로 면접은 적합한 사람을 찾아내는 '포지티브(positive)' 방식이다.

PwC컨설팅(www.pwcconsulting.co.kr)의 '채용의 미래(Future of Recruiting)' 설문 조사에 의하면 지원자의 49%가 열악한 채용 경험 때문에 채용 제안을 거절했다. 기업들은 면접 경험을 개선할 뿐만 아니라 남아 있을 가능성이 큰 양질의 지원자를 찾고, 선별하며, 채용하기 위해 AI로 눈을 돌리고 있다. 팬데믹 이후 이전에 없었던 근무가 보편화되면서 조직 내에서는 다양성, 형평성, 포용성을 의미하는 'DEI(Diversity, Equity, Inclusion)'에 대한 요구가 더욱 높아지고 있다.

최근 AI가 성별 및 민족 중립적인 구인 게시글을 작성하는 작업에까지 적용되고 있다. AI 채용할 때 성별이나 인종에 따른 편견을 제거하고 DEI를 높이는 계기가 된다. 인간 편향에서 벗어나기 위해서 AI 채용은 더욱더 가속화될 전망이다. 공정성과 형평성이 반드시 담보돼야 하는 금융권 공채에서도 향후 인공지능을 활용한 채용 방식이 더욱더 보편화될 것으로 전망되고 있다.

AI 면접이 갖는 장점은 면접관이 평가할 때 경험이나 편견에 의존했던 것에서 벗어날 수 있다는 점이다. 평가 기준이 있음에도 불구하고 면접관 사이에 발생하는 편차를 줄일 수 있다는 것도 장점으로 꼽힌다. 다수의 지원자를 면접하면 시간과 장소의 제약이 있어 질문을 미처 하지 못한 채 서둘러 합격 여부를 판단해야 하는 단점도 해결해 줄 수 있다. 글로벌 시장조사업체 앱솔루트 마켓 인사이트(www.absolutemarketsinsights.com)에 따르면, 전 세계 AI 채용시장은 새로운 인공지능 솔루션을 사용해 채용 프로세스를 자동화하려는 기업이 증가하면서 2027년까지 연평균 7.6% 성장, 그에 따른 영업이익이 3억 8900만 달러(약 4600억 원)에 이른다고 전망했다.

채용 컨설팅 업체 '탤런트 앤 어세스먼트(www.taleasse.co.jp/tag/pepper)'는 일본의 소프트뱅크에서 만든 인간형 로봇 '페퍼(pepper)'가 면접을 진행하는 시스템을 기업에 제공하고 있다. 페퍼를 이용한 면접은 입사지원자가 사전에 전달받은 QR코드를 페퍼에게 제시해 신원 확인을 받는 것으로 시작된다. 페퍼와 진행한 면접 내용은 음성과 영상으로 자동 저장되며 음성 답변은 텍스트 파일로 자동 변환된다. AI는 활력, 주도권 등 11개 가치 항목에서 면접 대상자의 자질을 평가하고 채점하기 위한 질문을 자동 생성한 후 이를 입사지원자에게 제시한다.

"동아리 활동이나 아르바이트 활동으로 고생한 경험이나 어려움을 극복한 경험이 있습니까?"

채용 면접 시, 로봇 '페퍼'가 지원자에게 던진 질문이다. 지원자의 대답에 "어떻게" "왜"라는 질문이 추가되고 애매한 답변이 돌아오면 "좀 더 자세히 이야기하십시오."라고 채근하기도 한다. 대답이 다 나왔다고 판단되면 다른 질문으로 옮겨간다. 이러한 질문과 대답들은 서버에 저장되어서 입사 후 활약 가능성도 예측한다.

가장 큰 장점은 인사담당자들이 범할 수 있는 편견에서 벗어나 객관적 공정성을 확보할 수 있다는 점이다. 물론 AI에 의한 면접이라고 말하지만, 사실 면접관이 하는 질문을 데이터베이스화한 수준이므로 실제 사람이 하는 종합적인 평가까지 하는 면접관이라고 보기는 어렵다. 질문의 수준이나 면접 평가에 있어서는 아직 보완 역할에 머물 것으로 보인다.

현재까지 AI는 면접 과정보다 서류심사 과정에 더 많이 도입됐다. 일본의 소프트뱅크의 경우 올해부터 1차 서류전형 심사에 AI를 활용하고 있다. 소프트뱅크 입사지원자는 홈페이지에 접속해 제시된 주요 질문에 답변을 입력한다. AI는 입력 내용을 분석해 적합한 답변을 했는지, 다른 회사에 썼던 내용을 그대로 복사해 붙이지는 않았는지를 판별하고 걸러낸다. 또한 지원자가 질문에 맞는 답변을 했는지 'OK', 'NG' 등으로 표시한다. 인사담당자들은 이 결과를 참고해 2차 면접 대상자를 선발하고 있다.

AI는 18초, 인사담당자는 4분 27초가 걸렸다

이런 과정을 거치면 채용에 드는 시간과 비용을 크게 줄일 수 있다. 일본 NTV(www.ntv.co.jp)에서 AI와 소프트뱅크 인사담당자들의 서류전형 검토 시간을 비교 실험한 결과, 5명의 지원자 중 부적격자 1명을 골라내는 데 AI는 18초, 인사담당자는 4분 27초가 걸렸다. 이렇듯 AI가 채용 과정에 도입되면서 시간과 비용을 줄이고 더 공정해진다는 기대가 있는 반면에, AI가 당락을 좌우한다는 생각에 불안감을 느끼기도 한다.

의료 사무를 전문적으로 위탁 운영하는 솔라스트(www.solasto.co.jp)는 AI를 기업 인사에 활용한 이후 직원 이직률이 37%에서 16%로 대폭 감소했다. 일본 리크루트 캐리어가 발표한 조사 결과에 따르면 일본 기업들의 0.4%는 이미 신입사원 채용에서 AI를 활용하고 있었고 7.5%는 새 사원을 뽑는 데 AI의 '손'을 빌리고 있다고 밝혔다. 미국과 일본에서는 AI 면접관이 화상채팅 등으로 지원자와 질의응답을 주고받으며 직무 적합성을 평가하기도 한다. 영국의 '피니토(www.finito.org.uk)'라는 회사는 AI 면접을 도와준다면서 구직자들에게 9000파운드(약 1300만 원)를 받는 AI 전용 '족집게 과외'에도 나섰다. AI 채용 트렌드가 새로운 사업도 발전시킬 것으로 예상된다.

AI는 자기소개서를 3초 만에 평가한다

SK하이닉스는 SK C&C(www.skcc.co.kr)가 개발한 AI 채용 시스템을 2018 상반기 공채에 도입했다. SK는 앞선 사례들과 달리 AI가 기존 자기소개서 대신 인사담당자들이 직접 만든 문장들을 학습했다. 계열사별 인사담당자들이 자기소개서 평가에 활용할 수 있도록 창작한 문장들을 모아 기업이 원하는 고유의 인재상 데이터를 구축했다. IBM 왓슨(www.ibm.com/kr-ko/watson)은 한국어 API 8종을 활용해 AI 플랫폼 '에이브릴(Aibril)'을 통해 1만 명 이상 응시하는 SK하이닉스 지원자 대상으로 테스트한 결과 자기소개서 하나를 평가하는 데 걸린 시간은 3초였다. 에이브릴의 평가 시간은 1인당 3초 이내로 1만 명을 평가하는 데 약 8시간이 걸렸다. 과거에는 1만 명을 평가하기 위해 인사담당자 10명이 하루 8시간씩 7일이 걸렸는데 소요 시간이 70분의 1로 줄어든 셈이다. 테스트 결과 에이브릴과 인사담당자의 평가점수 오차범위는 15% 이내로 나타났다. 인사담당자 간 평가점수 오차범위가 15%인 것과 비교해도 적은 수치다.

국내 많은 기업에서 이미 AI 채용을 도입했다. 이렇게 기업들이 AI 채용을 잇달아 도입하는 이유는 채용 비리 논란을 줄이겠다는 취지와 함께 국내 AI 채용 전문 업체가 등장한 배경도 있다. 국내 AI 면접 솔루션 시장에서는 IT 솔루션 기업 마이다스아이티(http://www.midasit.com)다. LG유플러스, SK브로드밴드, 유니클로, 일동제약, 한미약품, 3M 등 100여 개 기업이 마이다스아이티의 AI 면접 프로그램 '인에어(inAIR)'를 사용한다. 코멘토(https://comento.kr)는 2018년 8월 AI 자기소개서 분석 서비스를 시작했다. 이 서비스는 구직자의 자기소개서를 인공지능으로 분석해 지원자의 강점과 성향 등을 알아낸다. 그런 다음 기업이 올린 채용공고 가운데 적합하게 인공지능이 추천한다. 이뿐만 아니라 구직자가 이력서 지원을 자동으로 설정하면 인공지능이 지원자의 성향 등에 맞는 기업을 찾아내 알아서 지원한다.

BGF리테일은 서류심사에만 도입했던 AI 시스템을 직무 적합성 분석까지 확대했다. 상반기 서류심사에선 7% 안팎의 지원자들이 AI 심사를 통과하지 못했다. BGF리테일은 지금까지 공개된 논문과 문헌, 기존 합격자의 자기소개서 등과 비교해 지원자의 자기소개서에서 문장이 30% 이상 일치하면 표절로 잡아내기 때문이라고 말했다.

국내 주요 기업 AI 채용기준

채용분야	행정	분류체계	중분류
롯데그룹	○	○	○
SK하이닉스	○	○	○
BGF리테일	○		○

AI 면접 채용에 도입한 회사는 KB국민은행, SK브로드밴드 등이다. 은행권도 채용 관련 내홍을 겪었던 만큼 은행연합회 채용 절차 모범규준을 반영해 전문 업체와 외부 전문가가 참여하며, 전형단계별로 사후 감사도 이행했다. 국민은행은 서류전형과 국가직무능력표준(NCS) 기반 필기시험, 토론·인성검사 1차 면접, 온라인·대면 2차 면접으로 선발 과정이 진행된다. 온라인 면접도 은행권에서 인공지능(AI) 시스템을 활용했다. 이를 활용해 객관적으로 지원자의 장단점, 주요 특징과 적합한 직군을 파악해 면접할 때 참고자료로 쓴다. SK브로드밴드는 채용형 인턴

전형 시 회사 연수원 면접에서 실행하고 있다. 그 밖에 KB증권, KT, 기아자동차, CJ, JW중외제약, 한미약품, 일동제약 등이 AI를 이용했다.

AI 면접이 도입되기 시작한 것은 코로나 이전 2018년 채용부터다. 2018년 AI 면접을 도입한 기업은 87개 수준이었으나, 2019년 들어서만 100개를 넘어섰다. 2018년 하반기 채용부터 AI 면접을 도입한 LG유플러스 관계자는 "기존 채용 프로세스를 대체하기에는 아직 신뢰도가 확보되지 않은 검증단계"라며 "합격, 불합격 없이 AI 면접 결과지를 면접관에게 제공해 장단점, 직무적합도 등을 참고해 면접을 진행하는 식"이라고 설명했다.

국내에서는 AI 채용이 표절 검사 등 부정행위를 걸러내는 필터로 유효하고 지원자의 성향을 파악하는 보조 수단으로써 사용되고 있다. 한국 사회에서 사람을 뽑는 일이 합리적이고 공정하지 않다는 의심과 불안이 AI 채용 확산의 원인이기도 하다.

AI 채용은 세계적 기업 아마존 채용에서도 논란이 됐다. 2014년부터 비밀리에 AI를 활용한 채용 프로그램을 개발해오다 내부에서 성차별 문제가 불거지자 이를 자체 폐기했다고 한다. IT 기업 특성상 지원자 중에 남성이 압도적으로 많아 축적된 데이터에 의해 AI가 '남성 편향적'으로 서류합격을 시킨 것이다. '여성'이라는 단어가 들어가거나 심지어 동호회 활동에 '여성 체스 클럽' 같은 어구가 포함돼 있으면 채용 대상에서 배제됐다.

| AI 채용이 또 다른 스펙쌓기용이다?

국내 기업들의 갑작스러운 AI 채용으로 논란도 이어졌다. 도입 초기다 보니 취업 커뮤니티에는 "AI 채용기준이 뭔지 모르겠다." "어떻게 준비해야 할지 막막하다." "열심히 취업 준비를 했는데 AI에게 뒤통수 맞았다." 등의 댓글이 달렸다. 심지어 취업준비생들은 'AI 면접 스터디 모집'을 하면서 AI 채용이 또 다른 스펙 쌓기로 전락하기도 했다. AI 채용을 도입했던 기업들도 "처음 도입하면서 AI 채용에 대한 전문성이 없다 보니 어느 정도까지 활용해야 하는지 내부에서도 이견이 많았다."고 털어놨다. 그래서 AI 채용을 도입한 기업들도 평가의 보조자료로 활용하는 등 완전 도입까지는 망설이는 분위기였다.

취업포털 커리어가 인사담당자 375명을 대상으로 'AI 채용'을 주제로 설문 조사한 결과, 'AI 채용에 부정적'이라고 답한 비율은 48%였다. 이들 중 60%는 '경험으로 얻은 인재를 보는 눈을 활용할 수 없어서'를 이유로 꼽았다. 또 '시행착오와 혼란을 겪을 것 같아서'(26.1%), '인공지능을 신뢰할 수 없어서'(13.9%)를 이유로 선택했다. 이런 많은 논란에도 불구하고 2020년에는 더욱더 AI 채용이 퍼지고 있다. 채용에서 시간을 단축하고 채용 비리에 대한 오해를 불식시켜 줄 것이기 때문이다.

이제 채용은 사람만이 한다는 편견에서 벗어나서 AI 채용에 대해서도 대비해야 할 때가 왔다. AI, 로봇, 블록체인, 자율주행차, 드론 등 신기술의 발전, 세계화, 인구 통계, 기후변화, 지정학적 변화가 일자리

환경에 영향을 크기 때문에 정부와 기업뿐 아니라 개인도 이에 능동적으로 대처해야 한다. 정부 입장에서는 스펙 중심 채용에 따른 시간적, 금전적 비용이 발생하기 때문에 AI 채용을 적극 권장할 수밖에 없다.

기업에서는 AI 채용이 단지 허울뿐만이 아니라 AI 기술과 채용기준의 공정성을 확보하기 위해서 노력해야 한다. 그렇다고 AI 채용 프로그램만 믿어서는 안 된다. AI 채용 프로그램도 개별 기업의 요구에 따라 기계적으로 설정되기 때문에 일률 평가로 비슷한 사람만 뽑을 수 있으니 주의해야 한다. 다양한 개성을 갖춘 구직자들을 하나의 잣대로만 평가하게 될 우려가 있다. 그래서 인사담당자가 별도로 AI 채용을 검증하는 과정이 추가되어야 한다. 취업준비생은 AI 채용을 단순히 스펙 쌓기로 생각하지 말고 AI 전성시대에서 맞는 취업전략을 준비해야 한다.

│ AI 전성시대에 유의해야 할
│ 취업 대비 전략 7가지

AI 면접 응시 절차

1. 기존 합격 자기소개서를 베끼거나 인터넷에 떠돌아다니는 이력서를 모방하지 않는다.

왜냐하면 기존 합격 자기소개서를 베끼거나 그대로 인용하였는지 표절 검사를 하기 때문이다. 따라서 표절 검사 사이트에 가서 인터넷에 돌아다니는 자기소개서와 제출한 자기소개서가 어느 정도 비슷한지 확인해야 한다. 유사한 문장 구조의 반복, 타사 지원 자기소개서 재활용 등 본인 자기소개서 재탕도 위험하다. AI 분석 기술이 정교해지면서 맞춤법, 잘못된 문장 사용, 복사해서 붙여넣은 문장 등의 불성실한 자기소개서가 손쉽게 걸러질 수 있으니 주의해야 한다.

2. 맞춤법 오류, 문맥과 맞지 않은 문장, 자기 경험과 맞지 않은 내용을 쓰지 않는다.

자기소개서 작성 완료 후에 맞춤법 검사기를 활용하여 맞춤법을 확인한다. 또는 취업박람회나 취업지원센터에 가서 전문가로부터 첨삭을 받는다.

3. 기업이 원하는 조건에 맞는 인재상에 지원자의 내용이 얼마나 부합하는지 생각해둔다.

기업의 인재상을 숙지하고, 조직에 적합한 인재가 되기 위한 전략을 세워야 한다. 직무에 필요한 핵심역량을 사전에 명확하게 숙지하고 서류전형에 대비해야 한다. 그러기 위해서는 수시로 지원 회사의 홈페이지에 들어가고, 채용사이트 현직자 인터뷰를 꼼꼼하게 읽어야 한다.

4. 직무에 따른 필요 역량을 숙지하고 자신이 일을 어떻게 잘할 수 있는지 구체적인 그림을 갖는다.

AI 면접에서는 우수 면접관의 면접 결과를 학습 후에 고성과자들의 특성 데이터를 반영하기 때문이다. 특히, 직무역량을 구체적으로 정리해두는 것이 좋다.

5. 자기소개와 기본질문 답변을 준비해야 한다.

캠, 마이크 등 프로그램에 얼굴과 목소리가 정상적으로 인식되는지 확인하고 나면 본격적으로 '자기소개'를 하라는 안내와 함께 시작된다. 자기소개 이후 이어지는 '기본질문 단계'에서는 자신의 장단점과 지원동기에 관해 묻는다. 보통 자기소개는 90초, 기본질문은 60초 안에 대답하도록 설정되어 있으므로 답변을 미리 준비해두는 것이 좋다.

6. 기준을 세워 일관된 모습을 보여야 한다.

기본적인 질문에 관한 답변이 끝났다면 '성향파악 단계'가 시작된다. 성향파악 단계에서는 응시자의 성향을 알아보기 위한 여러 가지 문항이 이어진다. '철학적인 얘기를 하는 것은 시간 낭비일 뿐이다'와 같은 문항을 얘기한다. 응시자는 자신의 성향에 따라 매우 그렇다 또는 매우 그렇지 않다 등을 선택해야 한다. 동일한 검사를 동일한 사람에게 일정한 시간 간격을 두고 두 번 실시해서 두 점수 간의 상관계수를 구하는 '신뢰도 검사'도 숨어 있다. 거짓말은 감점요인이 될 수 있으니, 모르는 것은 모른다고 답변한다.

7. 직접 AI 면접 체험 서비스를 이용해본다.

평소 면접 연습을 통해서 자신의 표정과 자세, 시선, 목소리 동영상을 찍어서 모의 면접을 많이 본다. AI 면접에서는 뇌과학에 근거한 사람들의 표정, 시선, 목소리 떨림 등과 관련된 감정 데이터에 높은 점수를 주기 때문이다. 흔히 'AI 면접'이라고도 불리나 2019년 9월 30일부로 공식 명칭은 'AI 역량검사'로 변경되었다. AI 면접 사이트에서 적극적으로 활용하여 충분한 연습을 해야 한다. 잡다(www.jobda.im), 뷰인터(front.viewinter.ai), 인페이스(www.inface.ai/educe), 윈시대로(www.winsidaero.com) 등에서 AI 면접 체험을 제공하고 있다.

AI 채용 전성시대라고 해도 핵심 인재를 뽑고자 하는 기업의 채용 큰 틀은 변하지 않는다. 기업의 인재상이나 직무별 핵심역량이 갑자기 바뀌기 어렵다. AI 채용이라고 해서 긴장할 필요는 없다. 기존에 대비해왔던 서류, 면접 전형에 AI 채용의 특성을 이해하고, 자신만의 키워드를 명확하게 하는 것이 합격의 지름길이 될 것이다. 물론 실력도 있어야 하겠지만, 인성도 중요시하는 풍토를 기억하자.

AI가 어떻게 채용업계를
변화시키는가?

· · · ·

    AI가 채용시장에 큰 영향을 주고 있다. 대한민국의 채용트렌드는 다른 나라와 많이 다르게 특수성이 많다. 이제 공채가 사라지고 수시 채용으로 바뀌고 있다. AI 채용이 보편화되고, 이제 챗GPT가 등장하면서 우려의 목소리가 크다. 일반 사용자와 기업들을 가리지 않고 IT와 관련된 모든 분야에서 챗GPT가 가장 큰 주목을 받고 있다. 과거 구글 딥마인드가 공개한 알파고(AlphaGO)가 AI의 가능성에 대한 인식을 완전히 바꾸어 놓은 것처럼, 챗GPT는 대화형 검색의 혁신을 통해 알파고와 같은 수준의 변화가 일어나고 있다. 이제 챗GPT를 활용한 채용을 이해해야 한다.

AI 채용의 변화

대한민국의 특이하게 발달한 취업 분야에는 자기소개서 시장이 있다. 비즈폼이나 예스폼 등 문서 서식 사이트가 다른 나라보다 유독 발달했고, 자기소개서 예시나 면접 족보 등이 유료로 판매되고 있다. 대학교 취업센터, 일자리센터에서도 취업 컨설턴트가 배치되어 자기소개서를 도와주거나 면접 코칭을 통해서 취업을 지원하고 있다. 이제 챗GPT가 취업 시장을 변화시키고 있다. 벌써 사람인, 원티드 면접 AI코칭, 인크루트 등이 서비스를 시작했다.

채용 플랫폼 업계에 따르면 최근 자기소개서 작성이나 첨삭에 챗GPT 활용이 늘어나면서 변별력 문제가 새로운 이슈로 떠올랐다. 채용 플랫폼 회사들도 챗GPT를 활용한 자기소개서 코칭 서비스와 함께 구직자 검증 서비스 출시에도 열을 올리고 있다.

먼저 사람인은 챗GPT를 자기소개서 서비스에 도입하려고 준비 중이다. 사람인은 이미 NLP(Natural Language Processing) 기술에 기반한 AI 자기소개서 코칭 서비스를 제공하고 있다. 회사는 대화형 인공지능의 장점을 최대한 살릴 수 있도록 이 서비스에 챗GPT 도입을 추가로 준비한다는 계획이다. 사용자가 자기소개서를 만들면 자동으로 AI가 잘못된 문장이나 맞춤법을 알려주고, 글을 고치는 등의 기능을 제공할 것으로 예상된다. 인크루트는 구직자들이 자기소개서 작성 시 참고할 수 있는 자료로 챗GPT를 활용하는 서비스를 준비하고 있고, 잡코리아는 챗GPT를 사용한 자기소개서를 분별하는 방법을 고민 중이다. 원티드랩(www.wantedlab.com)은 챗GPT를 활용한 'AI 면접코칭 서비스'를 출시하며 자기소개서 다음 단계를 준비하고 있다.

| 도대체 챗GPT란 어디에 써야 하는 물건인가?

'챗GPT'는 2022년 12월 공개된 채팅을 하는 챗(Chat)과 GPT(Generative Pre-trained Transformer)의 합성어이다. 오픈AI닷컴(https://chat.openai.com)에 가서 회원가입을 하고 채팅을 하듯이 쓰면 된다는 것이다. 챗(Chat)은 말 그대로 대화를 나눌 수 있는 인공지능(AI)이라는 의미로 붙은 말이다.

GPT는 오픈AI가 개발한 언어 모델이고, '언어 모델'이라는 건 하나의 단어 다음에 어떤 단어가 오는 게 좋을지 적절한 단어를 통계적·확률적으로 예측하는 모델을 의미한다. 예컨대 '홍길동'이라는 단어를 주었을 때, 그 뒤에 어떤 단어가 오는 게 적절할지 통계적·확률적으로 예측하는 것이다. 주어진 데이터에 따라 답변이 달라질 수 있는데, 빅데이터가 많을수록 답변도 더 그럴싸해진다.

GPT를 그대로 풀면 'Generative Pre-trained Transformer(사전 훈련된 생성 변환기)'가 된다. 'Generative(생성)'는 답변을 생성한다는 의미에서 붙었다. 'Pre-trained(사전 훈련된)'는 조금 기술적인 표현인데, GPT의 핵심 언어 모델이 미리 학습을 끝낸 뒤에 필요한 작업에 맞춰서 약간의 수정을 가한 답변을 만든다는 의미에서 붙은 표현이다. GPT 이전의 언어 모델은 작업별로 별도의 모델을 처음부터 학습했다고 한다. GPT는 사전에 학습을 통해 성능을 높인 것이다.

'LLM'은 'Large Language Model'의 약자로 단순히 대형언어모델을 뜻한다. 빅데이터를 사용할수록 언어 모델의 정확도나 활용도가 높아지기 때문에 그냥 언어 모델이 아니라 '대규모' 언어 모델을 쓰게 된다.

GPT-3의 경우 파라미터(매개변수)를 1750억 개를 썼다고 한다. 파라미터는 AI가 사용자의 의도를 이해하는 데 필요한 데이터라고 생각하면 된다. LLM에서는 데이터가 많을수록 성능이 좋다고 했으니 이 파라미터의 숫자가 곧 성능을 의미한다.

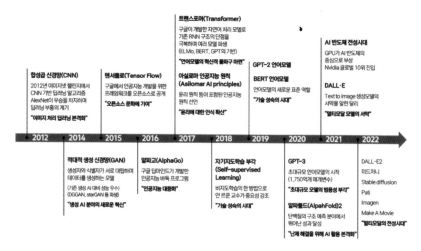

NIA, 『IT & Future Strategy 보고서』 AI 기술 변화

2018년 처음 나온 GPT-1은 파라미터가 1700만 개, GPT-2(2019년)는 15억 개, GPT-3(2022년)은 1750억 개로 100배 커졌다. GPT-2는 파라미터가 15억 개였으니 GPT-3은 얼마나 성능이 개선됐는지 짐작할 수 있다. 이제 GPT-4는 파라미터가 100조 개까지 늘어났으며 앞으로도 커다란 증가가 있을 예정이다.

AI는 인간이 아니기 때문에 자연어 처리를 위해서는 별도의 과정을 거쳐야 한다. 어떻게 보면 컴퓨터 환경에서 AI가 인간의 언어를 이해하게 하는 것이 AI 기술의 전부라고 할 수도 있다. 트랜스포머(Transformer)는 자연어를 이해하고 활용에 큰 강점을 보이며 단숨에 대세가 됐다. 트랜스포머를 이용한 챗GPT가 그동안 나온 AI 챗봇 중 가장 사람에 가까운 대화가 가능한 것도 이런 맥락이다. 사람의 질문에 답하기, 번역하기, 긴 문장 요약하기 등이 바로 트랜스포머의 강점이다. 물론 지금은 텍스트 기반뿐만 아니라 다양한 방식으로 응용돼서 쓰이고 있다. Open AI가 DALL·E 2로 Text-To-Image AI 모델의 붐을 일으키고 있다.

챗GPT에 100억 달러(약 12조 5000억 원)를 투자한 마이크로소프트(MS)는 검색 엔진 '빙(Bing)'에 챗GPT와 유사한 AI 챗봇을 추가하기로 했다. 새로운 빙 엔진에서는 기존의 검색 결과 외에 챗GPT처럼 대화형으로 검색 내용에 답하고 추가 질문 등으로 대화를 이어갈 수 있다.

챗GPT의 등장으로 IT업계는 분주해진 모습이다. 가장 먼저 비상등을 켠 곳은 구글이다. 세계 최대 검색 엔진인 구글의 위상에 챗GPT가 위협이기 때문이다. 구글의 최고경영자(CEO) 순다르 피차이는 최근 홈페이지를 통해 AI '바드(Bard)'를 발표했다. 바드는 초거대 언어 모델인 LaMDA(Language Model for Dialogue Applications)를 기반으로 한다. 람다는 1370억 개에 달하는 매개변수로 학습한 AI로, 30억 개의 문서와 11억 개의 대화를 익혔다고 한다. 이제 언어 모델을 바탕으로 하는 챗GPT가 일상에 커다란 변화를 일으키고 있다.

최근 출시된 '바드'는 사용자가 생성형 AI를 활용할 수 있도록 돕는다. 창의성이나 상상력을 발휘하고, 중요한 의사결정을 내릴 때 장단점을 살펴보거나 복잡한 주제를 간단하게 이해할 때 도움이 된다. 아직 실험 버전이나 바드가 특정 웹페이지에서 장문의 글을 인용할 때 해당 페이지를 출처로 표시하기도 하며 이미지 썸네일이 포함된 대답의 경우 사용자가 이미지를 확인하고 클릭하면 해당 이미지 출처로 이동할 수도 있다.

특히, 챗GPT는 시, 코드, 대본, 음악 작품, 이메일, 편지 등과 같은 창의성이 있는 문장 생성에 더 적합하며 바드는 질문에 대한 답변, 언어 번역, 다양한 콘텐츠 작성, 사용자의 지시를 따르고 그 요청을 신중하게 결정할 때 도움을 준다. 그 가운데 바드는 자기소개서 맞춤법이나 문법 오류 확인, 일관성, 적합성, 효과성 확인 등으로 완성도를 높일 수 있다.

채용은 지원자와 조직의 손실을 줄이는 시스템이다

기존 채용 방식에 대해서 다수의 구직자가 불공정을 경험했다고 한다. 기존 채용기준을 못 믿는 이유로 내정자가 있는 것 같은 느낌을 받았을 때, 특정 지원자에게 관심이 집중되었을 때, 채용과 관련이 없는 정보를 물을 때, 특정 조건을 가진 사람의 우대 또는 탈락 소문을 들었을 때, 자신보다 낮은 조건을 지닌 사람이 합격했을 때와 같은 상황이 주류를 이루었다.

기존 채용의 문제점

지원자	조직
* 스펙 쌓기 소요 비용, 노력, 시간의 과다 소모 * 졸업이 늦어지고 직장생활과 잠재 역량에 중요한 인성, 직무 지식과 경험 기회 상실	* 조직문화, 가치, 직무에 필요한 사람을 채용하기 어려움 * 직무에 적합한 사람을 선발하지 못하면 생산성 저하

　　기업은 어렵게 채용했더니 조기 퇴사하면서 업무 공백이 많이 생겼다는 문제가 있었는데 조기 퇴사 요인은 직무 부적합 문제가 가장 많았다. '입사했을 때는 좋아 보였는데 막상 일하다 보니 자신이 생각한 일이 아니라는 생각'이 들면서 그만둔다. 조기 퇴사는 열심히 준비해 합격한 사람에게도, 채용한 기업에도 손해다.

채용에서 챗GPT를
활용할 때의 이점

• • • • •

과연 챗GPT는 특이점에 도래했는가?

AI가 모든 인류보다 똑똑해지는 시점을 '기술적 특이점(Technological Singularity)'이라고 부른다. '특이점(特異點)'이란 미래학에서 문명의 발전에 가상 지점을 뜻하는 용어로, 이 시점부터 미래에 기술 변화의 속도가 급속히 변함으로써 그 영향이 넓어져 인간의 생활이 되돌릴 수 없도록 변화되는 기점을 뜻한다.

대표적인 특이점 주의자로는 버너 빈지(Vernor Vinge)가 특이점의 도래를 2005년으로 추산했으나 20세기에 비해 21세기의 기술적 진보가 크게 떨어져 기술적 특이점이 도래하지 않았다. 인공지능 과학자 레이 커즈와일(Ray Kurzweil)은 현재의 인공지능 발전 속도를 고려할 때 2040년경에 인공지능이 특이점에 도달할 것이며, 특이점 이후 인류는 인공지능에 의해 멸종하거나 혹은 인공지능 나노 로봇의 도움을 받아 영생을 누릴 것으로 예측하였다. 최근 챗GPT 책 중에 특이점이 도래했다고 주장하기도 하는데, 좀 더 지켜보는 여유가 필요하다.

1. 과연 챗GPT를 활용하면 효율성이 향상될 것인가?

챗GPT는 여러 대화를 동시에 처리할 수 있으므로 채용담당자가 다른 작업에 집중할 수 있다. 또한 지원자의 초기 심사를 처리할 수 있어 채용담당자가 직책에 대한 최소 요구 사항을 충족하는 사람을 신속하게 식별할 수 있다.

2. 챗GPT로 향상된 지원자 경험을 어떻게 만들 것인가?

챗GPT를 사용하면 지원자와 보다 개인화되고 효율적인 커뮤니케이션이 가능하다. 회사, 역할, 채용 프로세스에 대한 질문에 실시간으로 답변할 수 있어 후보자에게 더 원활하고 효율적인 지원 프로세스를 제공한다.

3. 챗GPT로 다양성 향상을 할 것인가?

챗GPT는 지원자에게 표준화된 질문을 제공하고 사전 결정된 기준에 따라 답변을 평가함으로써 채용과정에서 무의식적인 편견을 제거할 수 있다. 이를 통해 조직은 보다 다양한 후보자 풀을 유치하고 고용할 수 있다.

4. 챗GPT로 비용 절감을 할 것인가?

챗GPT는 채용 프로세스의 특정 측면을 자동화하여 조직의 시간과 비용을 절약할 수 있다. 또한 채용 프로세스의 다음 단계로 넘어가는 무자격 후보자의 수를 줄여 프로세스를 더욱 간소화하고 시간과 노력을 절약하는 데 도움이 될 수 있다.

오픈AI가 개발한 초거대 AI 모델 GPT의 진화 속도가 빨라지고 있다. GPT-3.5에 기반한 챗봇 AI 챗GPT가 흥행하면서 AI 개발 경쟁에 불을 댕긴 결과다. 오픈AI와 손잡은 마이크로소프트(MS)가 인프라 지원에 나선 것도 한몫했다. GPT-3.5가 18개월 만에 나온 것과 비교해 GPT-4 개발 기간은 4개월로 줄었다. GPT-4가 4개월 만에 나온 것은 챗GPT의 흥행 덕이다. 챗GPT는 출시 닷새 만에 가입자 100만 명을 돌파했다. 페이스북이 10개월, 넷플릭스는 3년 만에 달성한 기록이다. 챗GPT를 장착한 MS의 검색엔진 '빙'의 하루 순이용자는 1억 명을 넘어섰다. MS가 새 빙을 선보인 지 한 달 만이다. 주목할 부분은 1억 명 가운데 3분의 1이 빙을 처음 이용하는 사람이라는 점이다.

이제 GPT는 대규모 언어 모델로 그 발달은 급격하게 일어나고 있다. GPT는 아직 개발 중이지만, 이미 다양한 분야에서 사용되고 있다. GPT는 챗봇, 대규모 언어 모델 교육, 창의적 콘텐츠 생성, 유익한 방식으로 질문에 답변하는 데 사용되고 있다.

GPT의 발전 단계는 다음과 같다.

GPT-1 (2018): 1.5B 매개변수
GPT-2 (2019): 117B 매개변수
GPT-3 (2020): 175B 매개변수
GPT-4 (2023): 1.5T 매개변수

GPT의 매개변수 수는 계속해서 증가하고 있다. 매개변수 수가 증가하면 GPT의 성능이 향상된다. 예를 들어, GPT-3은 GPT-2보다 훨씬 더 사실적이고 창의적인 텍스트를 생성할 수 있다.

GPT-4가 발표되고 텍스트, 이미지 동시 이해, 단어처리 능력이 지금보다 훨씬 강화되어 더욱더 챗GPT의 발전은 가속화될 것이다. 물론 챗GPT가 입사 지원 과정을 간소화할 순 있지만, 기존 방법을 보완하는 용도로 사용하는 것이 가장 적합할 것이다. 채용담당자도 고품질 템플릿을 생성하는 챗GPT를 활용하면서 효율성이 높아질 것이다. 예를 들면, 채용공고의 초고를 만들고, 채용 프로세스를 고도화하면서 긍정적 채용 경험을 높이고, 신입사원 교육 계획을 짜는 데도 활용될 수 있다. 챗GPT는 간단한 HR 관리 작업을 자동화할 수 있다. 반면 지원자도 챗GPT로 지원 회사 분석부터 자기소개서 목차를 작성하고, 면접 예상 질문을 뽑고, 직접 면접 시뮬레이션까지 활용범위가 넓어질 전망이다.

채용에서 챗GPT를
사용할 때의 문제점

• • • •

챗GPT에 관해서는 모두 긍정적인 것이 아니다. 이 새로운 기술은 채용과 관련하여 몇 가지 문제를 악화시킬 것이다. 일자리에 지원하기가 쉬워짐에 따라 채용 채널이 모든 지원서를 살펴보는 것이 너무 부담스러울 수 있다. 기업이 자동화된 ATS 프로세스를 사용하여 애플리케이션을 분류할 때 이미 이를 목격하고 있다. 사람이 지원서를 보기도 전에 거절당할 수 있다.

모든 사람이 몇 초 만에 맞춤형 이력서로 일자리에 지원할 수 있다면 어떻게 지원이 공정하게 처리될 수 있을까? 추천에 더 집중하도록 채용을 유도할까? 그것이 잘 연결되지 않았거나 새로운 산업에 뛰어든 사람들을 위한 일자리를 얻는 접근성에 어떤 영향을 미칠까? 이러한 압력은 결국 채용을 위한 새로운 절차를 강요할 것이다. 아마도 이제 이력서와 자기소개서는 과거 유물이 될지도 모른다.

챗GPT로 지원자 경험을 완전히 자동화하려면
비용이 많이 든다

아직 챗GPT는 실제 고용 프로세스에 완전히 통합될 준비가 되지 않았다. 지원자 경험을 완전히 자동화하려면 비용이 많이 드는 자동 응답기와의 맞춤형 통합이 필요하다. 지원자들이 인공지능과 대화하는 것에 익숙하지 않을 수 있다. 이에 채용 과정에서 진실한 정보를 얻기 어려울 수 있다.

챗GPT 활용으로 인간 상호 작용이 부족해서
좌절감이 생긴다

AI는 감성적 요소를 놓칠 수 있다. 현재 아무리 챗GPT가 발달했어도 사람처럼 감성적 요소를 완벽하게 이해하고 반영하기 어렵다. 따라서 지원자 성격이나 감성적 능력을 정확하게 평가하기 어려울 수 있다.

채용은 후보자 경험을 AI 토끼 구멍으로 끌어들이기 전에 신중하게 생각해야 한다. 이전에는 존재하지 않았던 상호 작용에 적합한 응답을 추가하는 자연주의적인 채용 챗봇은 틀림없이 부가가치를 창출한다. 그러나 인간 상호 작용이 더 바람직하고 적절하다는 인식이 높은 데다 응답이 인간보다 현저하게 열등한 상황에서 챗GPT를 과도하게 사용하면 좌절감이 생기고 지원자의 경험이 줄어들 것이다. 챗GPT는 때때로 대화의 맥락을 잃거나 이해하지 못할 수 있다. 이에 채용담당자와 지원자 사이의 의사소통이 원활하지 않을 수 있다.

챗GPT 데이터가 충분하지 않으면
편향적일 가능성이 크다

챗GPT는 사람이 입력한 데이터에 기반하여 작동하므로, 오류나 편향된 정보가 존재할 수 있기에 채용 과정에서 잘못된 판단이나 실수가 발생할 수 있다. 'AI의 편향 문제'라는 제목의 〈Fortune Magazine〉과 같은 보고서에서는 AI가 인간의 상호 작용을 모방할 수 있지만 인간의 편견을 증폭시킬 수 있다고 강조했다.

Microsoft의 채팅 로봇 '테이(Tay)' 및 Google(이미지 인식 기술)과 같은 회사에서 개발한 AI 기반 앱은 인종적 편견을 나타내는 두 가지 AI 기반 앱의 예이다. 또 다른 대화형 AI 도구인 Automat의 공동 설립자인 Andy Mauro에 따르면 편향이 시스템에 들어가는 두 가지 방법이 있다. "프로그래머의 편향이 시스템에 거머리가 될 수 있는 프로그래머 경로가 있거나 편향이 데이터에서 오는 학습된 시스템이다. 데이터가 충분하거나 다양하지 않으면 편향이 생길 수 있다. 이는 큰 문제이며 우리가 생각해야 하는 문제이다."

챗GPT는 대화의 내용을 처리하고 저장하는 과정에서 개인정보 노출 위험이 있다. 이에 채용 과정에서 개인정보 보호 문제가 발생할 수 있다. 인공지능을 채용에 사용할 경우, 인간과 동등한 권리와 책임을 부여받지 못해 법적인 문제가 발생할 수 있다. 예를 들어, 인공지능이 차별적인 채용 결정을 내린 경우, 법적 책임의 소재가 불분명해질 수 있다.

챗GPT는 고용 가치 사슬을 구동하기 위해 관리 작업 생산을 자동화하는 기능이 있는 흥미로운 도구이다. 이 단계에서 AI가 사람이나 작업을 거의 대체할 것으로 기대하지 않으며 많은 작업이 여전히 인간에게 가장 적합하다고 생각하지만, 확실히 사람의 일상을 더 효율적으로 만들 수 있다. 채용 문제 은행 목록 만들기, 지원자 홍보와 마케팅, 구인 광고 문구 만들기, 정보 검색과 같이 많은 채용담당자에게 더 편리한 출발점을 제공할 수 있다.

챗GPT가 채용트렌드를 바꾸고 있다. 전 세계가 기술에 점점 더 의존하게 되면서 채용업계가 채용 프로세스를 간소화하기 위해 혁신적인 도구로 눈을 돌리고 있는 것은 놀라운 일이 아니다. 이러한 도구 중 하나는 채팅 인터페이스를 통해 구직자와 사람과 같은 대화를 가능하게 하는 자연어 처리 기술인 챗GPT이다. 이에 챗GPT와 같은 자연어 처리 모델을 효과적으로 활용하기 위해 '자연어 처리 전문가', '인공지능 개발자' 수요도 높아지고 있다. 이들은 모델의 학습 데이터를 준비하고 모든 처리 작업을 수행하며 모델의 출력값을 평가하고 향상하는 역할을 담당한다.

채용담당자에게 유용한
챗GPT 활용법 7가지

· · · · ·

전반적으로 챗GPT는 보다 효율적이고 개인화된 다양한 채용 프로세스를 제공하여 채용업계를 혁신할 수 있는 잠재력을 가지고 있다. 아직 개발 초기 단계에 있지만 계속해서 발전하고 성숙함에 따라 계속 주시할 가치가 있다.

┃ 개인화된 검색 엔진으로 활용

검색 인터페이스는 챗GPT를 사용하는 또 다른 방법이다. 사용자는 채팅 상자에서 챗GPT와 상호 작용할 수 있으며, AI 챗봇은 질문을 받아 몇 초 안에 사용자에게 정보를 생성한다. 결과와 데이터는 2021년으로 제한되지만, 여전히 원본 답변과 데이터를 제공할 수 있으며 과거 정보에 관련된 내용이라면 정보 생성에 문제가 없다.

AI 챗봇은 또한 사용자와 발생하는 상호 작용을 학습하여 응답을 개선하는 경향이 있다. 시간이 지남에 따라 더 정확하고 개인화된 답변을 내놓는다.

아이디어 브레인스토밍

챗GPT는 챗봇이다. 따라서 영감을 찾고 비즈니스 아이디어를 브레인스토밍하는 데 사용할 수 있다. 새로운 벤처를 제안하고 캠페인에 대한 아이디어 생성에 도움이 될 수 있다. 챗GPT는 기존 아이디어를 구체화하는 데 유용하다. 비즈니스 아이디어를 생성하는 데 도움이 될 수 있는 무료 형태의 시장조사를 제공할 수도 있다. 예를 들면 비즈니스 모델 캔버스(Business Model Canvas, BMC)를 활용하면 좋다.

토스의 비즈니스 모델 캔버스를 표로 작성해줘

요소	내용
고객 세그먼트	개인 및 기업 고객
가치 제안	간편한 모바일 송금 및 결제 서비스
채널	모바일 앱
고객 관계	고객 지원, 문의처리, 캠페인 등
수익의원	수수료과 이자 수익
주요활동	자금 이체, 결제 처리, 보안 강화 등
핵심자원	IT 기술, 보안 기술 등
파트너	은행, 신용카드사, 대기업 등
비용 구조	인건비, 인프라 비용, 마케팅 비용 등

전체 콘텐츠 요약

챗GPT는 몇 초 안에 전체 콘텐츠를 요약할 수 있다. 이 AI 챗봇은 기사 링크부터 PDF까지 모든 것을 처리할 수 있어 사용자가 더 쉽게 액세스할 수 있다. 사용자는 챗GPT를 사용하여 긴 데이터와 콘텐츠를 자동으로 요약하여 긴 글을 간단한 언어로 쉽게 이해할 수 있다. "요약해줘"를 입력하고 콘텐츠 URL을 텍스트 필드에 추가하기만 하면 된다. 이렇게 하면 특정 주제 연구 및 기사 읽기 시간을 절약할 수 있다.

┃ 초안 작성

챗GPT를 사용하여 가장 어려운 주제를 포함하여 다양한 주제에 대한 에세이를 작성할 수 있다. 고품질 데이터, 적절한 문법, 점수에 도움이 되는 잘 짜인 문장으로 독창적인 에세이를 생성할 수 있다. 그러나 학교나 대학에 제출하기 전에 에세이가 사실인지 여부를 확인해야 한다.

┃ 이력서 및 자기소개서 요약

이력서 및 자기소개서 작성을 요약할 수 있다. 챗GPT는 사용자가 원하는 일자리를 얻을 기회를 높일 수 있는 효과적인 이력서와 자기소개서를 작성하도록 도와준다. 챗GPT는 모든 채용공고에 대한 이력서를 생성할 수 있다. 챗GPT에 구직 지원을 위한 내용을 생성하도록 요청하기만 하면 구직에 도움이 되는 생산적인 이력서와 자기소개서가 몇 초 안에 작성된다.

채용 면접 질문 작성

챗GPT는 다양한 산업 분야의 전문 지식을 보유하고 있으며 가상 인터뷰 질문, 시나리오, 모의 테스트, 솔루션 등을 생성하여 인터뷰 준비에 도움이 될 수 있다. 이는 면접을 보기 전에 자기 능력을 확인하고 준비할 수 있는 좋은 방법이다.

예를 들면 챗GPT 활용을 통한 신규 직원을 채용할 때 준비해야 할 채용 인터뷰 질문을 작성해 보기로 한다. 신규 직원을 채용할 때 업무 경험뿐만 아니라, 리더십 스킬 등 면밀하게 인터뷰 질문을 준비하는 것이 중요하다. 주요 카테고리별로 필요한 인터뷰 질문지 초안을 챗GPT를 통해서 아주 쉽게 작성할 수 있다.

 삼성전자에서 기술영업자 면접에서 지원자의 전문성을 확인할 수 있는 5가지 질문을 작성해줘

1. 제품 지식: "삼성전자의 대표적인 제품군과 각 제품의 주요 기능 및 차별점에 대해 설명해주실 수 있나요?"
2. 기술 이해도: "삼성전자의 최근 기술 혁신 중에 특히 주목받는 것들이 무엇이고, 그 기술들이 어떻게 산업 및 시장에 영향을 주고 있다고 생각하나요?"
3. 고객 맞춤 솔루션: "고객의 특정 요구 사항을 충족시키기 위해 삼성전자의 기존 제품 또는 기술을 어떻게 활용하거나 수정할 것인지 구체적인 예시를 들어 설명해주세요."
4. 경쟁 분석: "삼성전자와 경쟁하는 주요 기업들은 누구이며, 삼성전자 제품이 해당 경쟁사 제품에 비해 어떤 강점과 약점을 가지고 있다고 생각하나요?"
5. 기술 동향 인지: "근래의 기술 동향 중 삼성전자의 제품 및 기술영업에 큰 영향을 줄 것으로 생각되는 트렌드는 무엇이며, 그 이유와 어떻게 대응해야 할지 설명해주세요."

오탈자 점검 및 평가

챗GPT는 복잡한 데이터 또는 주제에 대한 간략한 개요, 기본적으로 콘텐츠가 무엇인지에 대한 작은 아이디어를 제공하는 기능이 있다. 이렇게 하면 특정 주제에 대한 아이디어 탐색 및 기사 요약하기를 통해서 시간을 절약할 수 있다. 챗GPT에게 주제를 확장하도록 요청할 수도 있다. 챗GPT 채용에서 직무와 관련된 '자격증'과 '경험'은 과거보다 중요해진다. 이력서에 쓸 수 있는 자격증은 한국사, 한국어, 컴퓨터 등이며 분야별로 자격증 종류는 매우 다양하다. 그렇지만 단기간에 취득할 수 있는 자격증이 있는 반면에 상당히 어려운 자격증도 있기에 어떤 것을 준비할지 미리 신중하게 고민해야 한다. 그 가운데 직무와 관련된 자격증이나 역량만을 적어야 하므로 AI 채용에 도전할 생각이라면 준비하기 전에 자신의 직무 범위를 좁히려는 노력부터 해야 한다.

사람들은 왜 챗GPT로
자기소개서를 준비하는가?

· · · ·

이제 누구나 챗GPT의 서비스에 접속해서 매우 똑똑한 인공지능을 체험해볼 수 있다. 채용팀에서 AI가 자기소개서를 걸러냈던 상황에서 반대로 AI로 자기소개서를 활용해서 쓰게 될 줄은 상상도 못 했다.

사람들이 왜 '생성형 AI(Generative AI)' 기술을 자기소개서 쓰는 데 많이 활용하고 있을까? 가장 중요한 이유는 효율성 때문이다. 챗GPT의 가장 강력한 기능이 바로 글쓰기이다. 챗GPT는 자연어 처리 기술을 바탕으로 문장을 생성할 수 있기에 글쓰기 분야에서도 유용하게 사용할 수 있다. 다양한 분야의 지식을 갖고 있고, 다양한 상황에 적응할 수 있도록 학습했기 때문에 만들 수 있는 글의 영역이 넓다. 논문, 보고서, 자기소개서, 에세이 등 사실 기반의 글부터 시, 소설, 광고 문구 등 창의력과 상상력이 필요한 형태의 글쓰기도 가능하다.

레주메 빌더(https://resume.io)에 따르면 챗GPT를 사용했을 때 취직할 가능성이 커졌다. 최근 설문 조사에 참여한 2,153명의 구직자 가운데 거의 절반이 이력서, 자기소개서 또는 둘 다를 작성하는 데 '챗GPT'

를 썼으며, 대부분은 원하는 곳에 취업할 수 있었다고 한다. 챗GPT를
사용했다고 밝힌 응답자의 약 4분의 3(72%)이 챗GPT로 자기소개서를
작성했으며, 절반 이상(51%)은 이력서를 쓰는 데 활용했다고 밝혔다. 10
명 중 7명(69%)은 챗GPT로 생성한 지원서를 냈을 때 기업의 응답률이
더 높았다고 답해 챗봇이 기업들의 관심을 끄는 데 효과적이라고 했다.

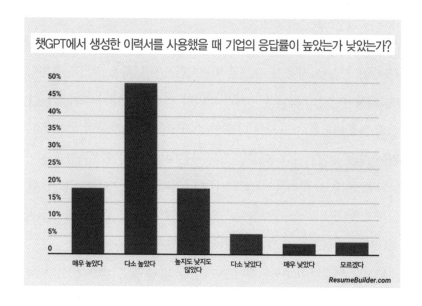

78%는 챗GPT가 작성한 입사 지원서를 사용하여 면접을 봤다고 답
했으며, 59%는 오픈AI(OpenAI)의 이 챗봇 기술로 작성된 자료로 지원
해 채용됐다고 말했다. 이에 채용담당자는 자기소개서나 이력서에 챗
GPT를 쓴 구직자는, 전문 이력서 작성 서비스 또는 쉽게 구할 수 있는
템플릿 및 온라인 도구를 이용한 구직자와 다를 바 없으며 채용 관리자
는 이러한 문서를 검토할 때 이 사실을 알고 있다고 했다.

물론 이력서 작성에 챗GPT를 활용한 구직자는 효율적으로 구직 활동에 더 전념할 수 있다. 하지만 최근 AI 생성 모델을 기반으로 하는 외부 플랫폼이 이력서 작성에 점점 더 많이 사용되고 있다.

대부분 지원자는 취업 시장에서 치열하게 경쟁하고 있으며 지원자는 경쟁 우위를 확보하기 위해 이력서와 자기소개서를 강화하고자 생성형 AI를 활용할 수 있다. 수많은 지원자가 AI 기술을 이용하면 채용담당자가 이 기술을 사용해 작성된 이력서인지 아닌지를 알기가 불가능하며, 채용담당자도 특별한 문제가 없다면 굳이 찾아내려 하지 않는다.

레주메 빌더의 보고서에 따르면 챗GPT를 사용한 구직자의 주요 동기는 시간 절약이었다. 대부분 구직자는 이러한 이점이 위험을 능가했다고 밝혔다. 전체 표본의 압도적인 다수(88%)는 앞으로 작성할 입사 지원서에 챗GPT를 쓸 가능성이 크다고 답했다. 10명 중 4명은 면접관이 챗GPT를 사용했는지 알지 못했다고 말했다.

하지만 면접관이 AI를 썼다는 사실을 알게 됐을 때의 반응은 항상 긍정적이지 않았다. 면접관이 챗GPT를 사용해 지원서를 작성했다는 사실을 알게 됐다고 밝힌 응답자의 40% 가운데 35%는 이 때문에 취직하지 못했다고 답했다.

한편 설문 조사에 참여한 4명 중 3명은 챗GPT가 작성한 자료의 품질이 높거나 매우 높다고 답했으며, 28%는 챗GPT가 쓴 이력서와 자기소개서를 '조금' 수정했거나 아니면 '전혀' 수정할 필요가 없었다고 전했다.

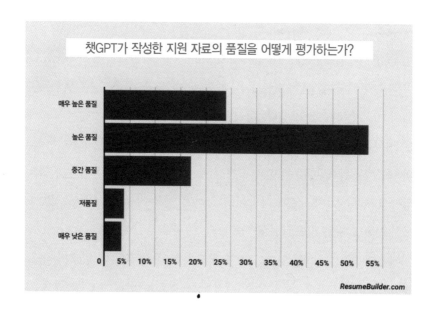

챗GPT가 작성한 지원 자료의 품질을 어떻게 평가하는가?

매우 높은 품질
높은 품질
중간 품질
저품질
매우 낮은 품질

0 5% 10% 15% 20% 25% 30% 35% 40% 45% 50% 55%

ResumeBuilder.com

오픈AI의 챗GPT를 뒷받침하는 기술인 파운데이션 모델(foundation model)은 수년 동안 사용되어왔다. 이미 자연어 처리(NLP) 챗봇에서 쓰이고 있다. 하지만 가트너의 최신 보고서(Gartner 2023 Recruiting Innovations Bullseye, www.gartner.com)에 따르면 챗봇 사용은 여전히 실험 단계에 있으며, 향후 몇 년 동안은 대부분 기업에서 전략적 채용 도구로 사용되지는 않는다고 예상된다.

현재 챗GPT가 '채용'에서 성공적으로 사용되고는 있으나, 이 기술이 대규모로 잘못된 정보를 생성하는 데 활용될 수 있다는 광범위한 우려가 있다. AI가 생성한 '하이퍼리얼리즘(Hyperrealism)'은 쉬운 사용 방법과 결합해 잘못된 정보가 빠르게 퍼질 수 있다. 결국 사용자와 기업 모두 생성 AI를 쓸 때 주의해야 하며, 그렇지 않으면 법적 또는 평판 문제가 초래될 수 있고 제3자에게 커다란 오해를 불러일으킬 수 있다.

챗GPT는 일반 사람이 지능적으로 보이는 AI와 직접 상호 작용하고, 질문을 이해하며, 특정 작업을 수행하는 데 도움을 주기 때문에 계속해서 이목을 사로잡고 있다. 하지만 이 기술이 생성하는 콘텐츠는 때때로 정확하지 않을 수 있으며, 프롬프트, 작업 또는 도메인, 교육 데이터의 품질 및 양에 따라 위험과 오용으로 이어질 수 있다. 유명한 인물의 평판을 왜곡할 수도 있고 사람이 창작하지 않은 작품을 사람이 창작한 작품으로 오해를 일으킬 수도 있다.

레주메 빌더 대변인은 챗GPT가 구직자의 면접 또는 취업 가능성을 높인다고 결론 내릴 순 없지만 "생각하는 것과는 달리 챗GPT 사용이 구직자의 기회를 해치지 않을 수 있다"라고 말했다. 이어 "일각에서는 챗GPT 사용이 사기 또는 부정행위라고 이야기한다. 하지만 이 기술을 사용하면 구직자의 시간을 확실히 절약할 수 있다. 아울러 대부분 응답자는 단점을 경험하지 않았다. 단 11%만이 챗GPT를 사용했기 때문에 취직하지 못했다고 답했다"라고 전했다.

2장

챗GPT 활용 채용의 이해
- 회사, 직무, 나와의 연결점 -

챗GPT를 활용하면
최적화가 된다

• • • •

| 챗GPT 입문

챗GPT를 사용하려면 다음 단계를 따라 가입하고 사용할 수 있다.

우선 오픈AI 웹사이트(http://chat.openai.com)를 방문하여 회원가입을 진행한다.

이메일 주소, 이름, 비밀번호를 입력하고 이용약관에 동의한 후 회원 가입을 완료한다. 이메일 인증을 거쳐 계정이 활성화되면 오픈AI 웹사

이트에 로그인한다.

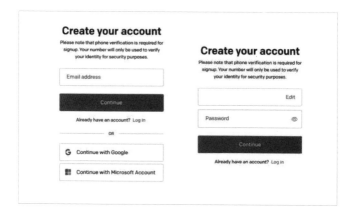

회원가입이 귀찮다면 Google 계정 또는 Microsoft 계정만 있으면 된다. 무엇보다 웹사이트와 앱 모두 무료로 사용할 수 있다. 챗GPT의 인기로 인해 가입 시 약간의 트래픽 지연이 발생할 수 있다. 그런 경우 다시 시도하면 된다.

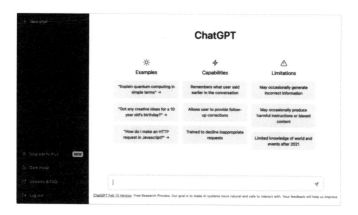

GPT는 'Generative Pre-trained Transformer'의 약자로 머신러닝으로 방대한 데이터를 '미리 학습(Pre-trained)'해 이를 문장으로 '생성

(Generative)'하는 생성 AI이다. 사용자가 채팅하듯 질문을 입력하면 챗GPT는 학습한 데이터를 기반으로 '사람처럼' 문장으로 답한다.

마치 사람과 대화하는 것처럼 자연스럽게 질문과 답변을 주고받을 수 있다. 단순 정보 짜깁기를 넘어 에세이·소설·시 등 다양한 창작물을 만들고, 어느 정도는 철학적인 대화도 가능하며 프로그래밍 코드까지 생성해 주목받았다. 파이선(Python)에 바로 사용할 수 있는 코드를 생성해 주고 '코딩' 작업을 손쉽게 돕는다.

챗GPT가 답하는 문장이 무척 자연스럽고 정보도 믿음직해 사용자가 점점 늘어 여러 분야에 활용되고 있다. 챗GPT가 MBA, 변호사, 의사 자격 등 고난도 자격시험을 모두 통과하고, 학생들이 과제와 시험에 챗GPT를 활용해 논란도 일고 있다.

오픈AI는 최근 유료 버전 '챗GPT 플러스'도 출시했다. 월 이용료 20달러(약 2만 6000원)를 내면 사용자가 몰리는 시간에도 원활하게 챗GPT에 접속해 빠르고 정확하게 질문에 대한 답변 받을 수 있다. 만약 영어로 물어본다면 한국어로 물어볼 때보다 더 빠르게 정확한 답변을 얻을 수 있다.

| 챗GPT 단계별 질문하기

1. ESG 시장을 주도하는 기업을 나열해줘

2. ESG 기업들 중에 강점과 약점을 알려줘

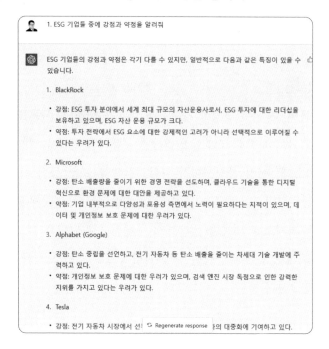

3. 그 기업 중에 한국에게 가장 뛰어난 기업을 알려줘

> 그 기업 중에 한국에게 가장 뛰어난 기업을 알려줘
>
> 위에서 언급한 ESG 기업들 중에서, 한국에 가장 뛰어난 기업을 선정하기는 어렵습니다. 그러나 한국에서도 ESG 경영에 대한 노력을 기울이고 있는 기업들이 많이 있습니다.
>
> 한국 기업 중에서 ESG 분야에서 뛰어난 기업으로는 SK하이닉스가 있습니다. SK하이닉스는 환경 문제에 대한 대응책으로 탄소 중립을 선언하고, 친환경 제품 생산과 폐기물 감축 등에 노력하고 있습니다. 또한 사회 문제에 대한 책임감과 다양성 증진에도 노력하고 있습니다. 더불어, SK하이닉스는 지속적인 경영 성과와 함께 ESG 경영을 추진해 나가고 있어, 전 세계적으로 인정받는 ESG 기업 중 하나로 평가되고 있습니다.

목적을 명확하게 설정하기

일단 챗GPT에게 질문할 내용을 정확하게 설정해야 한다. 처음부터 명확한 질문을 할 수 없다면 여러 차례 반복하면서 이용자가 질문을 구체화해야 한다. 그래야 챗GPT가 더 정확한 응답을 생성할 수 있다. 광범위한 질문은 엉뚱하거나 모호한 답변으로 돌아오기에 실제로 도움이 되지 않는다.

예를 들어, 자신이 작성한 자기소개 내용을 한꺼번에 챗GPT에 입력하지 말고 소주제별로 쪼개서 입력하면 구체적인 답변을 얻을 수 있다. '1분 자기소개', '성장 과정', '학창 시절', '입사 후 포부' 등을 작성해서 한꺼번에 질문하면 그만큼 넓게 생성된 답변을 얻는다. 이렇게 입력하기보다는 1분 자기소개 내용을 질문해서 구체적으로 답변을 얻고 다음 항목을 차례대로 입력해서 답변을 얻는 방식으로 차근차근 묻고 답하는 과정이 필요하다.

| MS Bing 자기소개서

마이크로소프트는 2023년 1월 오픈AI와 파트너십을 체결하고 100억 달러에 달하는 투자를 공식화하며 챗GPT에 지대한 관심을 가지고 있음을 표명했다. 그동안 구글에 밀려서 빛을 보지 못했던 에지(Edge) 브라우저와 검색 엔진 빙(Bing)에 챗GPT를 결합해 검색 시장의 판도를 바꾸겠다는 목표다. 2021년 이전 데이터를 주로 학습한 베타 버전 챗GPT와 달리, 실제 서비스가 가능하도록 최신 데이터까지 학습했다. 마이크로소프트가 2023년 2월 7일 인공지능 챗봇을 탑재한 '새로운 빙'을 미리 보기(Preview)로 공개한 후, 100만 명 이상의 미리 보기 사용자와 일일 활성 사용자(DAU; Daily Active Users) 1억 명을 돌파했다.

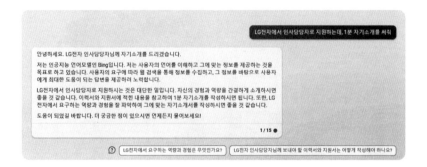

최근 달라진 점은 하단에 참고문헌에 사용할 수 있을 정도로 구체적인 출처를 얻을 수도 있다는 것이다.

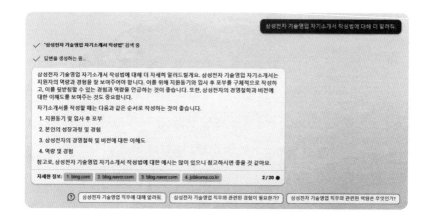

AskUp(아숙업) 카카오톡 추가

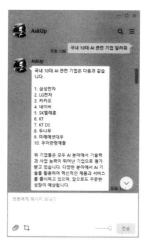

아숙업은 국내 인공지능 스타트업 기업인 '업스테이지(김성훈)'에서 개
발한 대화형 AI 챗봇이다. 카카오톡을 설치한 사람이라면 다음의 방법
으로 간단하게 아숙업 채팅방을 개설할 수 있다.

1. 카카오톡 앱을 실행한 후 상단 검색창에서 아숙업 또는 @askup_bot을 검색한다.
2. 검색 결과에 AskUp 채널을 클릭한다.
3. ch+를 눌러 채널을 추가한다.
4. 아숙업 11 채팅방이 열리고 대화를 시작한다.

Q. 국내 10대 AI 관련 기업 알려줘

국내 10대 AI 관련 기업은 다음과 같습니다.

1. 삼성전자
2. LG전자
3. 카카오
4. 네이버
5. SK텔레콤
6. KT
7. KT DS
8. 두나무
9. 미래에셋대우
10. 우아한형제들

위 기업들은 모두 AI 분야에서 기술력과 사업 능력이 뛰어난 기업으로 평가받고 있습니다. 다양한 분야에서 AI 기술을 활용하여 혁신적인 제품과 서비스를 출시하고 있으며, 앞으로도 꾸준한 성장이 예상됩니다.

아숙업은 이미지 내 텍스트까지 읽어낸다는 점이 특징이다. 여기엔 업스테이지가 개발한 광학문자인식(optical character recognition, OCR) 기술이 결합해 있기 때문이다. 이미지 인식을 통해 사진 속 텍스트를 읽어내는 것은 물론, 텍스트 정보를 요약하거나 번역하는 일까지 요청할 수도 있다. 아숙업을 '눈 달린 챗GPT'라고 부르는 이유다.

카톡 채널 추가를 통해 간단한 사용이 가능해 생성형 AI 챗봇 중 접근성이 상당히 높아 이제 카카오톡 채널 친구 110만 명을 돌파했다. 아숙업은 2021년 10월 이전 데이터로 학습되어 실시간성은 없고 답변이 부정확할 수 있으나 여전히 많은 사람이 사용하고 있으며 그러한 문제는 시간이 흐르면 기술 발달로 극복될 수 있다.

- ✅ [업스케치] "~ 그려줘" 명령어로 그림을 그릴 수 있다.
- ✅ [FoodLens] 음식 사진을 올리면 그 정보를 제공한다.
- ✅ [물음표검색] ?로 요약 정보와 검색 결과도 알 수 있다. (예: ?맛집)
- ✅ [링크 읽어줘] 링크를 아숙업에 주면 읽어서 요약하고 내용을 이야기할 수 있다.

Notion AI 챗GPT 활용법

· · · ·

노션 AI와 챗GPT의 차이점

비교 항목	노션 AI	챗GPT
목적	노션 플랫폼 내 작업 관리 및 문서화 지원	다양한 주제에 대한 자연스러운 대화
기능	데이터 처리 및 분석, 작업 흐름 향상	질문에 대답, 정보 제공, 의견 표현
사용 사례	문서 작업 관리, 데이터베이스, 노트	소통, 정보 검색, 창의적 글쓰기
기반 기술	챗GPT-3 아키텍처, 노션 플랫폼	GPT-4 아키텍처, 자연어 처리(NLP)
주요 적용 분야	협업 및 문서 관리 도구	다양한 분야의 대화형 인공지능 어시스턴트
무료사용	현재 20회 무료	서버 사용량이 많을 때 접속 불량
유료사용	월 사용 10달러	월 사용 20달러

노션은 노트, 문서, 작업 목록, 데이터베이스, 캘린더 등을 하나의 앱에서 관리할 수 있는 생산성 도구이다. 노션을 사용하려면 다음 단계를 따르면 된다.

1. 노션 웹사이트(www.notion.so)에 접속한다.
2. 회원가입 후 로그인한다.
3. 노션 내에서 필요한 작업을 수행한다. 작업을 생성하려면 페이지나 데이터베이스를 만들어야 한다.
4. 페이지는 일반적인 문서나 노트와 유사한 형식으로 작성할 수 있다. 데이터베이스는 테이블 형식으로 구성되며 필터링, 정렬, 검색 등의 기능을 제공한다.
5. 페이지나 데이터베이스를 작성할 때, /명령어를 사용하여 빠르게 작업을 수행할 수 있다. 예를 들어, /데이터베이스 명령어를 사용하여 데이터베이스를 생성할 수 있다.
6. 노션은 멀티플랫폼을 지원한다. 노션 앱을 다운로드하여 모바일 기기에서도 사용할 수 있다.

노션에서 AI 기능은 '스페이스 키'를 사용하고, 명령어는 '/'를 입력하면 된다.

노션 AI를 사용하는 방법은 다음과 같다.

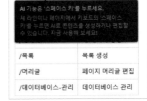

1. /명령어를 입력하고 실행하면 해당 명령어의 기능이 실행된다. 명령어는 /로 시작한다.

2. 명령어에 따라 데이터베이스나 페이지 등의 객체를 생성하거나 수정할 수 있다.

3. 명령어 외에도 /로 시작하는 단축키를 사용할 수 있다. 예를 들어, / toggle은 페이지를 열거나 닫을 수 있다.

「AI에게 작성 요청」클릭 후 「글 업그레이드」로 더 나은 형태의 글을 얻을 수 있다.

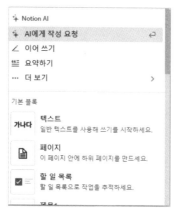

자기소개

안녕하세요, ○○ 회사의 경영지원팀에서 근무하고 있는 홍길동입니다. 커뮤니케이션 능력과 문제 해결 능력, 적극성을 가지고 있어 업무 수행에 높은 효율을 기대할 수 있습니다. 이전 회사에서의 경험을 토대로 ○○ 회사에서도 경영지원팀의 일원으로서 기여하고자 합니다. 감사합니다.

자기소개

안녕하세요, ○○ 회사의 경영지원팀에서 근무하고 있는 홍길동입니다. 커뮤니케이션 능력과 문제 해결 능력, 적극성을 가지고 있어 업무 수행에 높은 효율을 기대할 수 있습니다. 이전 회사에서의 경험을 토대로 ○○ 회사에서도 경영지원팀의 일원으로서 기여하고자 합니다. 감사합니다.

안녕하세요, ○○ 회사의 경영지원팀에서 근무하고 있는 홍길동입니다. 커뮤니케이션 능력과 문제 해결 능력, 적극성을 가지고 있어 업무 수행에 높은 효율을 기대할 수 있습니다. 이전 회사에서의 경험을 바탕으로 ○○ 회사에서도 경영지원팀의 일원으로서 기여하고자 합니다. 감사합니다.

✦ AI에게 다음 할 일을 알려주세요.

⚠ AI 응답의 내용은 부정확하거나 오해의 소지가 있을 수 있습니다. 자세히 알아보기

글 업그레이드를 할 수 있어서 유용하고 이어 쓰기, 늘려 쓰기 등을 할 수 있다. 어느 정도 분량이 있는 글이라면 「이어 쓰기」를 클릭하면 글을 더 이어가고, 「늘려 쓰기」도 눌러보면 분량을 늘릴 때 좋다.

「어조 바꾸기」

노션에서 "어조 바꾸기"를 사용하는 방법은 다음과 같다.

1. 바꾸고자 하는 텍스트를 선택한다.
2. 선택한 텍스트 위에 마우스를 올리고, 오른쪽에 나타나는 "⋯" 버튼을 클릭한다.
3. "어조 바꾸기"를 선택한다.
4. 바꾸고자 하는 어조를 선택한다. (예: 높임말 → 반말)
5. 선택한 어조로 텍스트가 바뀐다.

가장 많이 쓰고 있는 것은 '번역'이다. Notion Web clipper를 활용하면 영어를 한국어로 번역할 수 있다.

Notion Web Clipper
notion.so 추천
Web Clipper를 이용하면 어떤 웹사이트라도 Notion에 저장할 수 있습니다.
★★★★★ 412 생산성

노션 AI의 가장 좋은 점은 표나 서식으로 가져와서 활용하기 쉽다는 점이다. 노션 AI는 문서 정리 도구의 최강자로 GPT-3.0을 기반으로 하고 다양한 옵션과 템플릿을 생성할 수 있다. 다만 무리하게 요구하면 챗 GPT보다 답변하지 못한다. 긴 노트를 요약하고, 작업을 정리하고, 아이디어를 브레인스토밍하고, 실현하고자 하는 프로젝트의 구조를 개략적으로 정리할 수 있다. 제목, 목차, 설명 등 부분별로 글씨 크기가 다르게 나오는 장점이 있다.

노션의 모든 이용자가 노션AI를 무료로 사용할 수 있다. 다만 그럴 때 노션AI 응답이 20개로 제한된다. 만약 AI 기능을 무제한으로 사용하고 싶다면 인당 10달러의 요금을 결제해야 한다.

뤼튼 자기소개서

· · · ·
·

뤼튼 AI와 챗GPT의 차이점

비교 항목	뤼튼(Wrtn)	챗GPT
목적	텍스트를 작성하는 AI 도구	다양한 주제에 대한 자연스러운 대화
기능	글쓰기, 요약, 번역 등의 텍스트 생성, 편집 및 제안	질문에 대답, 정보 제공, 의견 표현
사용 사례	문서 작성, 블로그, 마케팅 콘텐츠	소통, 정보 검색, 창의적 글쓰기
기반 기술	텍스트 생성 모델(Text Generation Model), 자연어 처리(NLP)	GPT-4 아키텍처, 자연어 처리(NLP)
주요적용 분야	글쓰기 및 편집 도구	다양한 분야의 대화형 인공지능 어시스턴트
무료사용	현재 20회 무료	서버사용량이 많을 때 접속불량
유료사용	월 사용 10달러	월 사용 20달러

뤼튼 AI와 챗GPT의 가장 큰 차이점은 챗GPT가 사용자의 질문을 입력으로 받는다면, 뤼튼 AI는 정해진 입력을 기반으로 텍스트를 생성한다는 것이다. 챗GPT와 뤼튼 AI 모두 트랜스포머(Transformer) 구조를 기반으로 하고 있다. 트랜스포머(Transformer) 기술은 자연어 처리 NLP 분야에서의 새로운 기술이다.

국내 AI 기업 뤼튼테크놀로지의 플랫폼 '뤼튼(http://wrtn.ai/)'은 사업계획서, 보고서와 같은 전문적 글쓰기부터 광고 문구, 채용공고, 블로그 등 콘텐츠 창작을 도와준다. 주제나 핵심 키워드 같은 최소 정보를 입력하면 문장을 만든다.

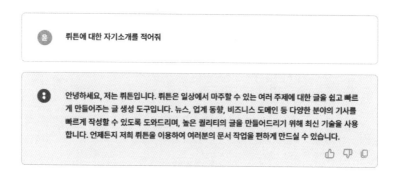

뤼튼에 스스로 자기소개를 적어보라고 질문하니, "안녕하세요, 저는 뤼튼입니다. 뤼튼은 일상에서 마주할 수 있는 여러 주제에 대한 글을 쉽고 빠르게 만들어 주는 글 생성 도구입니다. 뉴스, 업계 동향, 비즈니스 도메인 등 다양한 분야의 기사를 빠르게 작성할 수 있도록 도와드리며, 높은 퀄리티의 글을 만들어드리기 위해 최신 기술을 사용합니다. 언제든지 저희 뤼튼을 이용하여 여러분의 문서 작업을 편하게 만드실 수 있습니다."라고 한다. 글감 아이디어, 단어 선택, 초안 작성, 퇴고까지 글 쓰는 전 과정에서 활용하면 업무 효율을 끌어올릴 수 있다. AI 기반의 글쓰기 연습 소프트웨어 '뤼튼 트레이닝(https://training.wrtn.ai)'은 이번 CES 2023(https://videos.ces.tech)에서 생성 AI(Generative AI)를 활용한 서비스 중 최초로 혁신상을 수상했다. 초거대 생성 모델을 활용한 국내 1호 제품이다.

뤼튼에서 자기소개서 작성하기

뤼튼은 창작의 고통을 출산의 고통에 비유하듯, 모든 글쓰기는 필자의 깊은 고뇌의 과정을 수반한다는 점을 알고 있다. 자기소개서와 같이 형식이 정해진 글부터, 수필과 같이 개인의 색채가 묻어나는 글까지 좋은 글을 쓰기 위해서는 좋은 아이디어가 필요하다. 이에 주식회사 뤼튼테크놀로지스(https://wrtn.io)는 AI 기술을 통해 빠르고 뛰어난 글쓰기 능력을 향상시켜 글쓰기에 고민이 있는 사람들을 돕고자 '뤼튼' 서비스를 출범했다.

제목이 좋다. "다양한 분야에서의 경험을 통해 얻은 역량을 바탕으로 고객에게 최적의 솔루션을 제공하는 엔지니어"로 나타난다.

챗GPT는 여러 질문과 명령어를 넣어야 할 수 있는 것을 뤼튼은 버튼으로 제시한다.

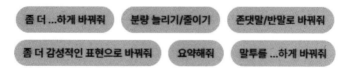

분량 늘리기/줄이기, 존댓말/반말로 바꿔줘, 좀 더 감성적인 표현으로 바꿔줘, 요약해줘, 말투를 부드럽게 바꿔줘와 같은 형태다.

| 뤼튼 결과물의 저작권과 데이터 출처

결과물의 저작권과 데이터 출처

뤼튼으로 만든 결과물의 저작권은 누구의 것인가요?

저작권 및 사용 권한은 사용자에게 귀속되며, 개인적 용도 및 상업적 용도로 활용할 수 있습니다. 생성된 결과를 사용하여 발생하는 문제의 책임 또한 사용자에게 있습니다.

뤼튼으로 만든 결과물은 어떤 데이터로 이루어져 있나요?

뤼튼은 사용자가 입력한 내용을 토대로 매번 새로운 문장을 생성해 냅니다. 학습된 데이터를 그대로 뱉거나, 검색엔진 결과에 같은 글이 나올 확률이 희박합니다.

뤼튼으로 만든 결과물의 내용을 신뢰할 수 있나요?

결과물은 사용자가 입력한 내용을 최우선으로 반영하며, 경우에 따라 문장을 생성하는 과정에서 사실과 다른 내용이 나올 수 있습니다. 생성된 글 이용 시 사실 관계 여부를 확인하시는 것을 권장합니다.

Q. 뤼튼으로 만든 결과물의 저작권은 누구의 것인가요?

저작권 및 사용 권한은 사용자에게 귀속되며, 개인적 용도 및 상업적 용도로 활용할 수 있습니다. 생성된 결과를 사용하여 발생하는 문제의 책임 또한 사용자에게 있습니다.

Q. 뤼튼으로 만든 결과물은 어떤 데이터로 이루어져 있나요?

뤼튼은 사용자가 입력한 내용을 토대로 매번 새로운 문장을 생성해 냅니다. 학습된 데이터를 그대로 뱉거나, 검색 엔진 결과에 같은 글이 나올 확률이 희박합니다.

Q. 뤼튼으로 만든 결과물의 내용을 신뢰할 수 있나요?

결과물은 사용자가 입력한 내용을 최우선으로 반영하며, 경우에 따라 문장을 생성하는 과정에서 사실과 다른 내용이 나올 수 있습니다. 생성된 글 이용 시 사실관계 여부를 확인하시는 것을 권장합니다.

뤼튼은 '공유 트렌드'를 볼 수 있기에 '실시간 인기', '최신 게시물', '내 게시물' 등을 쉽게 확인할 수 있다. 금융보고서 작성, 그림 그리기, 알고리즘 설명, 맛집 찾기, 유튜브 동영상 스크립트 작성 등을 비롯해서 비교적 구체적인 모습을 묘사해달라는 요청도 잘 수행하고 있다.

챗GPT로 쓴 자기소개서에
문제가 있지 않을까?

. . . . .

법조계에 따르면 현행법상 타인이 작성한 자기소개서를 기업이나 학교에 제출하는 것은 위계에 의한 공무집행방해 또는 업무방해 혐의로 처벌할 수 있다. 다만 이는 본인이 아닌 제3자가 자기소개서의 전부 또는 대부분을 작성한 '대필'인 경우에 한한다. 취준생이 챗GPT의 도움을 받아 자기소개서를 작성했더라도, 내용을 일정 수준 이상 수정하거나 추가할 때에는 '대필'이 아닌 '첨삭'으로 간주한다. 이는 현행법상 처벌 대상이 아니다.

챗GPT로 100% 작성한 자기소개서를 그대로 대학이나 회사에 제출하더라도 업무방해 혐의로 기소될 가능성이 크나, 실제 유죄를 입증하는 건 녹록지 않을 거란 전망도 있다. 챗GPT 표절을 적발하는 프로그램이 있기는 하지만, 지원자 각자의 정보·경험을 토대로 작성된 자기소개서에서 어디까지를 처벌 가능한 '표절'로 볼 수 있는지 기준이 모호하다는 의견도 있다. 그러니 챗GPT를 활용하는 것은 좋으나 그 답변을 그대로 제출해서는 안 되며 챗GPT도 이 점을 강조하고 있다.

2022년 8월 미국 콜로라도주에서 개최한 미술대회에서는 게임 디자이너인 제이슨 앨런이 AI 생성 도구 '미드저니(www.midjourney.com)'로 그린 그림으로 1등을 차지해 논란이 됐다. 이를 계기로 AI 모델이 만든 콘텐츠에 대해서는 표절이나 저작권 침해를 이유로 수상을 금지해야 한다는 여론이 일기도 했다. 요즘 디자인은 아이디어가 창작가가 내지만, 실제 그림은 프로그램 툴로 그리는 경우가 많다. 화투 그림으로 유명한 가수 조용남 씨 사례에서 무죄로 판결되었던 사건에서 보듯이 아이디어는 창작자의 것이다.

챗GPT와 관련해 저작권법의 관점에서 가장 문제 되는 부분은 챗GPT가 생성한 결과물이 인간의 창작물(시, 소설 등)과 유사한 경우에 이를 저작물로 인정할 수 있는지다. 현행법상으로는 챗GPT가 생성한 결과물에 대해서 저작물성을 인정하기는 어렵다. 현재까지 인공지능이 창작한 생성물에 저작물성을 인정하는 국가는 없다. 저작권법 제2조 제1호는 저작물을 '인간'의 사상 또는 감정을 표현한 창작물을 말한다고 규정하고 있는데, 인간이 아닌 '인공지능'이 '특정 알고리즘'에 기초해 산출해 낸 결과물을 위 규정에서 말하는 저작물로 해석하기는 어렵기 때문이다.

인공지능을 인간이 보유하고 있는 지능을 얼마나 가졌는지에 따라 강한 인공지능과 약한 인공지능으로 구분한다. 현재 인공지능의 기술 수준은 특정 분야에서 인간이 하기 어려운 일이나 문제를 인공지능 기술을 이용해서 효과적으로 처리하는 약한 인공지능 수준이라고 평가하고 있다. 챗GPT의 경우 인간의 피드백을 받아서 강화학습을 하기 때문에 인간이 중간에 관여하였다는 측면에서 챗GPT의 생성물을 저작물로 인정하기는 어려울 것으로 보인다.

챗GPT에 의한 저작권 침해도 우려되는 부분이다. 챗GPT는 기존에 온라인상에 존재하는 여러 정보나 수많은 이용자(user)가 입력하는 정보를 데이터마이닝 등의 과정을 통해서 학습하므로, 챗GPT가 생성해 낸 결과물이 다른 사람의 저작물과 동일·유사할 가능성이 결코 낮지 않다. 그런데 기존 저작물을 침해하는 결과물을 챗GPT가 생성하고 이용자가 이를 복제 등의 방법으로 활용하는 경우에 이를 어떻게 처리할 것인지가 문제 될 수밖에 없다. 예컨대, 어떤 작가가 오래전에 발표한 단편소설이 있는데, 챗GPT가 그와 매우 유사한 단편소설을 생성해 그것이 인터넷에 돌아다니는 경우 원저작자는 누구를 상대로, 어떠한 청구를 할 것인지 등이 고민될 수밖에 없다.

챗GPT는 사람이 아니므로 저작자가 될 수 없다. 저작자로 표시할 것이 아니라 "챗GPT를 이용해서 제작했다"는 표시를 하는 것이 타당하다. 챗GPT를 이용했음에도 별도 표시 없이 자신의 성명만을 표시하는 경우엔 표절이 될 수 있다. 표절은 저작권이 있거나 없거나 상관없이 자신이 작성한 것이 아닌 글 등을 인용(citation) 표시 없이 사용하는 경우를 말한다. 따라서 저작자 표시가 아닌 "챗GPT를 이용해서 제작했다"고 표시해야만 표절 시비에서 벗어날 수 있다.

지원 회사에 이메일 작성하기

안녕하세요.

저는 [이름]이고, [학력/전공/자격증 등]을 보유하고 있습니다. [관련 경력/활동/프로젝트 등]을 통해 출판 산업에 대한 열정과 경험을 쌓았습니다. 이러한 경험을 바탕으로 지식공감에서 새로운 도전을 하고자 지원하게 되었습니다.

지식공감에서는 출판 업무를 효율적으로 진행하기 위해 여러 가지 역할을 하고 있다는 사실을 알고 있습니다. 저는 다양한 단행본을 출간하는 지식공감에서 일하고자 합니다.

첨부된 이력서를 확인해 주시면 제 경력과 능력을 더 자세히 알아볼 수 있습니다. 추가적인 문의 사항이 있으시면 언제든지 연락 주세요.

감사합니다.

3장

챗GPT로 자기소개서
어떻게 써야 하나요?

적합한 사람(Right Person)을
알기가 어렵지 않나요?

• • • •

지원자에 대한 정보가 전무하다 보니 지원 직무에 적합한 사람인지 알기 어렵다. 기업과 지원자의 정보 비대칭이 더욱 심화될 것이란 우려다. '직무 적합성', '핵심가치', '조직 인재상', '조직 부합성' 등이 맞아야 한다. 기업 채용담당자 중에서는 AI 채용의 의도와 필요성은 공감하지만, 실효성에 의문을 품는 사람도 있다. 현실적으로 정량화된 지표(Quantification Indicator)인 스펙이 없는 상황에서 평가하려면 정성적인 지표(Qualitative Indicators)로 자기소개서를 일일이 봐야 하는데 매우 어려운 일이다.

훌륭한 자기소개서를 작성하는 것은 입사 지원 과정에서 중요한 단계다. AI를 사용하여 자기소개서 초안을 작성하면 회사 및 직위 조사, 자격에 대한 정보 수집, 직무 설명과 일치하는 핵심 기술 및 요구 사항 식별과 같은 가치 있는 활동에 시간을 집중할 수 있다. 초안을 편집하고 사용자 지정하고 오류가 있는지 교정한 다음 보내기 전에 마무리 진술과 연락처 정보만 확인하면 된다. 이제 몇 초 만에 챗GPT로 자기소개서 초안을 잡을 수 있다.

| 1단계: 채용공고 찾기

자기소개서 작성을 시작하기 전에 채용공고를 읽고 자격 증명과 요구 사항을 이해하는 것이 중요하다. 이 정보를 사용하여 자기소개서를 맞춤화하고 찾고 있는 직업과 더 관련성이 있게 만들 수 있다. 다음은 실제 채용공고이다.

「채용공고」 안전기획 및 사업장 안전관리

조직소개

우리 조직은 국내 서비스, 판매 등 전국 사업장의 안전보건 관련 총괄 업무를 담당하고 있으며, 변화되는 안전보건 관련 법규에 대응하고 안전한 사업장을 조성하는 업무를 진행합니다.

직무상세

국내 서비스, 판매 등 전국 사업장에 대한 안전관리(기획, 점검 등) 업무를 진행합니다.

■ 안전기획업무
– 관련 법규 개정 및 업무 방향성에 따른 기획성 추진 업무
– 안전사고 감소를 위한 체계적인 재해예방활동 전개

■ 위험성평가
– 위험성평가 Tool 개선 및 작업공정별 위험요인 파악
– 위험성평가를 통해 스스로 발굴하고 개선하는 현장문화 조성

■ 사업장 안전점검
– 안전매뉴얼 Check List를 통한 사업장 점검활동 주기적 전개
– 산업안전보건법 등 관련 법규에 따른 거점 공사현장 점검 수행

지원자격

· SPA, OPIC, TOEIC Speaking 혹은 TEPS Speaking 영어회화 성적을 보
  유하신 분 ('21. 4/1 ~ '23. 4/2 내 취득 점수 기준 / 영어권 해외대학 제외)
· 산업안전기사 자격증 소지하신 분
· 안전관리 직무 경력 4년 이상 보유하신 분
· 최종합격 후, 회사가 지정하는 입사일에 입사 가능하신 분
· 해외여행에 결격 사유가 없는 분 (남성의 경우, 회사가 지정한 입사일까지
  병역을 마쳤거나 면제되신 분)

우대사항

· 안전공학, 안전보건, 산업안전 계열 등을 전공하신 분
· SPA lv 4, OPIc IM2, TOEIC Speaking 130 혹은 TEPS Speaking 56
  이상 보유하신 분 ('21. 4/1 ~ '23. 4/2 내 취득 점수 기준)
· 안전/소방/위험물/기계/건설/화공 안전 분야 자격증 보유하신 분
· 정비업 관련 안전보건 업무를 수행하신 분

전형단계

1. 지원서 접수
2. 서류전형
3. 면접전형
4. 채용검진
5. 최종합격

이 공고는 안전보건 분야에서 전국 사업장의 안전관리를 담당하는 조직에서 안전기획 업무를 맡을 인재를 채용하고자 하는 것입니다.

지원자격으로는 SPA, OPIC, TOEIC Speaking 혹은 TEPS Speaking 영어회화 성적을 보유하신 분, 산업안전기사 자격증 소지하신 분, 안전관리 직무 경력 4년 이상 보유하신 분 등이 포함됩니다. 또한, 안전공학, 안전보건, 산업안전 계열 등을 전공하신 분, SPA lv 4, OPIc IM2, TOEIC Speaking 130 혹은 TEPS Speaking 56 이상 보유하신 분, 안전/소방/위험물/기계/건설/화공 안전 분야 자격증 보유하신 분, 정비업 관련 안전보건 업무를 수행하신 분 등의 우대사항이 있습니다.

전형단계로는 지원서 접수, 서류전형, 면접전형, 채용검진, 최종합격이 포함됩니다.

이 포지션을 지원하시는 분은 영어회화 능력이 중요하며, 안전보건 관련 자격증과 경력이 있는 분이 적합할 것입니다. 또한, 사업장 안전관리와 관련된 업무를 수행해 본 경험이 있으면 도움이 될 것입니다. 지원서 작성 시, 경력 및 자격증, 영어회화 능력 등을 중점적으로 언급하면 좋을 것입니다.

| 2단계: 회사 조사하기

회사 조사를 통해 지원하는 조직의 사명, 문화 및 목표에 대해 알아봐야 한다. 이 정보를 사용하여 커버 레터를 맞춤화하고 채용 관리자에게 직위뿐만 아니라 조직 전체에 대해 열정을 갖고 있음을 보여줄 수 있다. 이렇게 하려면 챗GPT에 당신의 경험에 대해 '말'하고 편지의 해당 부분에 대해 작성하도록 요청하면 된다.

 안전보건 분야에서 일하면서 경험했던 가장 큰 문제점은 무엇이 었나요?

사업장 안전관리 업무를 수행하면서 발생한 가장 중요한 문제는 무엇이었나요? 그 문제를 어떻게 해결했나요?

새로운 안전보건 관련 법규가 발표되었을 때, 그것을 적용하면서 가장 어려웠던 부분은 무엇이었나요?

안전보건 관련 업무를 수행할 때, 협업이 필요한 경우가 많습니다. 협업하면서 가장 어려웠던 점과 그것을 어떻게 해결했나요?

안전관리 업무를 수행하면서, 잘한 것 중에 가장 자신 있게 언급할 수 있는 부분은 무엇인가요?

안전사고를 예방하기 위해 일상적으로 어떤 노력을 하고 계시나요?

안전보건 분야에서 일하는 데 있어서, 자신이 가장 중요하게 생각하는 가치관은 무엇인가요?

안전보건 관련 업무를 할 때, 일상적으로 사용하는 도구나 프로그램이 있나요? 어떤 기능을 사용하고 있는지 설명해 주세요.

새로운 안전보건 관련 제품이나 기술 등이 발표될 때, 그것을 적용해볼 생각이 있나요? 있다면, 어떻게 적용하고자 하나요?

면접에서 자기 경력과 자격을 어떻게 언급할 것인지, 자신의 강점을 어떻게 언급할 것인지에 대해 간단히 말씀해 주세요.

안전보건 분야에서 경험했던 가장 큰 문제점에 대해 대답하는 경우, 다음과 같은 단계적인 방법으로 답변을 할 수 있습니다.

문제점의 개요 설명
어떤 상황에서 문제가 발생했는지, 그 상황에서 어떤 일이 일어났는지 요약적으로 설명합니다.

문제점이 발생한 원인 파악
문제가 발생한 원인을 찾기 위해 어떤 노력을 했는지, 원인을 발견했을 때 어떤 반응을 보였는지 등을 설명합니다.

문제점을 해결하기 위한 대응 방안
어떤 대응 방안을 시도했는지, 그 방안을 통해 문제가 해결되었는지 등을 구체적으로 설명합니다.

문제해결 과정에서 배운 점
문제해결 과정에서 어떤 것을 배웠는지, 다음에 같은 문제가 발생했을 때 어떤 방식으로 대응할 것인지에 대한 생각 등을 말합니다.
예를 들어, "안전보건 분야에서 일하면서 경험했던 가장 큰 문제점은 무엇이었나요?"라는 질문에 대해, "전에 근무하던 사업장에서 안전사고가 발생했을 때가 있었습니다. 그 문제는 작업자들이 안전수칙을 잘 따르지 않았기 때문이었습니다. 문제를 파악하기 위해 해당 작업장의 안전수칙 교육을 강화하고, 안전보호구 착용 강제화 등의 대응방안을 시도했습니다. 결과적으로 안전사고 발생률이 감소했고, 대응과정에서 작업자들의 안전수칙 숙지와 안전보호구 착용의 중요성에 대해 다시 한번 배웠습니다."와 같이 답변할 수 있습니다.

채용담당자 입장에서 채용공고를 만들고 면접 질문을 만들 수도 있다.

Q. 안전관리 채용공고 써줘.

 안전관리 채용공고 예시입니다.

[회사명] 안전관리 담당자 채용공고

[회사 소개]
우리 회사는 국내 서비스, 판매 등 전국 사업장의 안전보건 관련 총괄 업무를 담당하고 있으며, 변화되는 안전보건 관련 법규에 대응하고 안전한 사업장을 조성하는 업무를 진행합니다.

[모집 부문]
안전관리 담당자

[담당 업무]
국내 서비스, 판매 등 전국 사업장에 대한 안전관리(기획, 점검 등) 업무를 진행합니다.

[자격 요건]

산업안전기사 자격증 소지하신 분

안전관리 직무 경력 4년 이상 보유하신 분

SPA, OPIC, TOEIC Speaking 혹은 TEPS Speaking 영어회화 성적을 보유하신 분('21. 4/1 ~ '23. 4/2 내 취득 점수 기준/영어권 해외대학 제외)

최종합격 후, 회사가 지정하는 입사일에 입사 가능하신 분

해외여행에 결격 사유가 없는 분 (남성의 경우, 회사가 지정한 입사일까지 병역을 마쳤거나 면제되신 분)

[우대사항]

안전공학, 안전보건, 산업안전 계열 등을 전공하신 분

SPA lv 4, OPIc IM2, TOEIC Speaking 130 혹은 TEPS Speaking 56 이상 보유하신 분 ('21. 4/1 ~ '23. 4/2 내 취득 점수 기준)

안전/소방/위험물/기계/건설/화공 안전 분야 자격증 보유하신 분

정비업 관련 안전보건 업무를 수행하신 분

[전형 방법]

지원서 접수

서류전형

면접전형

채용검진

최종합격

[제출 서류]
이력서
자기소개서
학위증명서 및 경력증명서 사본
자격증 사본

[접수 기간]
D-1 ~ D-10
모집인원: 1명

    채용담당자 입장으로 생각해서 자기 이력서를 챗GPT에 입력해서 장점과 단점을 분석해달라고 요청할 수 있다. 챗GPT는 장점과 단점을 깔끔하게 분석해준다. 그렇게 사용하면 채용 과정에서 유용하게 쓸 수 있다.

    챗GPT가 채용공고에서 정보를 가져와 경험과 제품을 만드는 데 지원자의 문화적 적합성을 드러낼 자기소개서 만드는 방법을 보여준다. 챗GPT는 회사의 업무 문화에 대한 이해를 보여주고 자신이 적합하다는 것을 내세워야 영향력 있고 효과적인 자기소개서를 만들 수 있음을 보여준다. 챗GPT는 직무 설명의 책임과 이력서의 과거 업무 경험 사이에 관련된 모든 겹치는 부분을 포함하도록 했다. 챗GPT는 채용공고를 살펴보고 자신의 과거 경험이 채용공고의 내용과 겹치는 부분을 강조 표시하면 자신이 해당 직무에 가장 적합한 사람임을 나타내는 데 도움이 될 수 있음을 보여준다. 또는 예상 질문을 만들어달라고 부탁할 수 있다.

#	질문	중요도	카테고리
1	과거의 안전보건 분야 경험에서 가장 성공적이었던 프로젝트에 대해 설명해주세요.	S	경험
2	안전보건 분야에서 발생할 수 있는 위험에 대해 어떻게 대처하시는지에 대해 이야기해주세요.	S	안전
3	안전보건 분야에서 가장 큰 도전과제는 무엇인지 생각하시는지요? 이를 극복하기 위한 방안은 어떤 것이 있나요?	A	안전
4	당신이 안전보건 분야에서 성과를 내는 데에 가장 많은 기여를 한 사례는 무엇이었나요?	A	경험
5	안전보건 분야에서 업무를 수행하면서 가장 어려웠던 일은 무엇이었나요? 이를 해결하기 위해 노력한 방법은 무엇이었나요?	B	안전
6	당신이 안전보건 분야에서 가장 중요하게 생각하는 가치는 무엇인가요?	B	안전
7	안전보건 관리에서 가장 중요하게 생각하는 요소는 무엇이라고 생각하시나요?	C	안전
8	안전보건 분야에서 가장 중요한 역할은 무엇이라고 생각하시나요?	C	안전
9	당신의 안전보건 분야 역량을 평가할 때, 가장 중요하게 고려하는 요소는 무엇인가요?	C	역량
10	안전보건 분야에서 성공적인 업무 수행을 위해 필요한 능력은 무엇이라고 생각하시나요?	C	역량

챗GPT를 사용하여 이력서와 자기소개서를 작성해야 할까? 테스트에서 알 수 있듯이 챗GPT가 생성하는 문서는 잘 작성되어 있지만, 취업 면접에 도움이 되기에는 충분하지 않을 수 있다. 그러나 챗GPT는 자기소개서와 이력서의 개요를 작성하고 초안을 작성하는 데 도움이 되는 유용한 도구가 될 수 있다.

3단계: 논리적 구조 선택

좋은 자기소개서를 작성하는 첫 번째 단계는 올바른 형식을 선택하는 것이다. 대체로 서론, 본론, 결론을 포함하는 3단락 구조이다. 서론에서는 자신을 소개하고 해당 직무에 관심이 있는 이유를 설명해야 한다. 본문에는 해당 직무에 적합한 이유를 설명하고 주장을 뒷받침할 증거를 제시해야 한다. 결국, 고용주에게 시간을 내어 준 것에 감사하고 자격에 대해 더 논의하고 싶다는 의사를 표명해야 한다.

4단계: 관련 정보 제공

올바른 형식을 선택한 후에는 자기소개서 관련 정보를 제공해야 한다. 여기에는 당신의 이름, 연락처 정보, 지원하는 직책 및 관련 경험이나 자격이 포함된다. 자기 기술과 성취도를 강조하고 그것이 직업 요구 사항과 어떻게 관련되는지 설명해야 한다.

관련 정보를 제공하는 데 도움이 되도록 챗GPT를 사용하여 아이디어와 제안을 생성할 수 있다. AI에 이름, 지원하는 직함, 관련 경험이나 자격을 제공하기만 하면 된다.

지원자의 관련 자격을 강조하는 짧지만 간결한 소개가 이 뒤에 나와야 한다. 지원하는 고용주와 직책을 언급하는 게 좋다.

5단계: 관련 기술 및 경험 강조하기

내가 그 일에 적합하다는 근거가 되는 나의 능력과 경험은 본문에 강조 표시되어야 한다. 예컨대 이전 직장에서 능력을 사용한 구체적인 사례를 제시하는 것이다. 이전 고용주와의 성과 및 과거 작업을 강조해야 한다. 챗GPT에 과거 경험을 다른 말로 표현하도록 요청하여 이 부분을 작성하도록 할 수도 있다. 그런 다음 AI는 기술과 성과를 강조하는 방법과 이를 작업 요구 사항과 연결하는 방법에 대한 제안을 제공한다.

 LG전자에서 브랜딩 마케터로 지원하는데, 자기소개서를 1000자로 작성해줘

 저의 이름은 [이름]이며, LG전자의 브랜딩 마케터로 지원하게 된 동기는 혁신적인 기술과 뛰어난 제품을 세계시장에 알리고자 하는 열정입니다. 마케팅 전문가로서의 경력과 지식을 바탕으로 브랜드 인지도와 가치를 제고하고, LG전자의 글로벌 경쟁력을 높이는데 기여하고 싶습니다.

대학에서 마케팅 전공으로 학문적 기초를 다진 후, 국내 유명 기업에서 브랜딩 전략 개발 및 실행에 참여하여, 브랜드 인지도 상승에 성공적인 결과를 이끌어냈습니다. 이 경험을 통해 소비자의 니즈를 분석하고, 브랜드 이미지와 메시지를 효과적으로 전달하는 전략을 수립하는 능력을 키웠습니다.

SNS와 온라인 광고 캠페인을 성공적으로 운영한 경험도 있습니다. 이를 통해 디지털 시대의 마케팅 트렌드와 도구에 익숙해졌으며, 다양한 채널을 활용해 소비자와의 상호작용을 높이는 방법을 배웠습니다. 이러한 경험은 LG전자의 글로벌 브랜딩 전략에도 큰 도움이 될 것입니다.

또한, 협력적이고 적응력 있는 성격 덕분에 다양한 배경과 분야의 팀원들과 원활한 커뮤니케이션을 이끌어내며, 창의적인 아이디어와 해결책을 제시할 수 있습니다. 이러한 역량은 LG전자에서 브랜딩 마케터로서 활약할 때 큰 장점이 될 것으로 생각합니다.

앞으로도 성장과 발전을 거듭하는 LG전자와 함께 최고의 브랜드 가치를 창출하는 데 앞장서겠습니다. 지원자의 열정과 전문성을 바탕으로 LG전자의 브랜딩 전략에 기여하고, 기업의 미래를 함께 이끌어갈 수 있는 기회를 간절히 기다립니다.

감사합니다.
[이름]

6단계: 지원하는 직무에 맞게 맞춤식으로 쓰기

자기소개서를 작성할 때 기억해야 할 가장 중요한 사항은 지원하는 직무에 맞게 작성하는 것이다. 당신이 회사와 직업 요구 사항을 조사하고 그에 따라 자기소개서를 조정해야 한다. 고용주 이름을 사용하고 회사에 대한 특정 세부 정보를 언급하여 조사를 완료했음을 나타내야 한다.

자기소개서에 사용자를 지정하려면 챗GPT를 사용하여 커버 레터를 작업 요구 사항에 맞게 조정하는 방법에 대한 아이디어와 제안을 제공할 수 있다. AI에게 직무 설명과 회사에 대한 관련 정보를 제공하기만 하면 된다. 그런 다음 AI는 직무 요구 사항 및 회사 문화에 맞게 사용자 정의하는 방법에 대한 제안을 제공한다.

7단계: 자기소개서에 대한 짧은 소개를 작성하기

챗GPT에게 자기소개서에 대한 짧은 소개를 작성하도록 요청한다. 필요한 세부 정보를 포함한다. 첫 문장을 강렬하게 쓰면 고용 관리자의 관심을 끌 수 있다.

그렇게 강력한 문장을 챗GPT에게 물어볼 수 있다. 자기소개서 내용의 소제목을 붙이거나 핵심 문장을 만들 때 챗GPT를 사용할 수 있다. 내 지원서를 검토해 준 채용 관리자에게 감사를 표하고 해당 직책에 대한 관심을 표명해야 한다. 고용 관리자에게 나의 연락처 정보를 제공하고 그들로부터 전화가 오게 만들어야 한다.

8단계: 교정 및 편집

자기소개서 작성을 마친 후에는 편집 교정에 시간을 할애해야 한다. 오타를 확인하고 문법 오류를 수정하는 단계다. 챗GPT는 자기소개서를 작성하기 위한 훌륭한 도구이지만 훌륭한 속성에도 불구하고 아직 사람의 능력에 미치지 못하는 부분이 있다. 그렇기에 스스로 자기소개서를 제출하기 전에 소리 내서 읽고 어색한 부분을 찾아야 한다. 맞춤법 및 문법 오류를 확인하고 문장이 명확하고 간결한지 확인하고 표지가 읽고 이해하기 쉬운지 검토해야 한다. AI에게 자기소개서를 제공하기만 하면 맞춤법 및 문법 오류 수정, 문장 구조 개선, 간결한 글쓰기 등 글쓰기 개선 방법에 대한 제안을 제공한다.

9단계: 면접을 확보하기

결론적으로 좋은 자기소개서를 작성하는 것은 면접에서 성공하는 데 필수적이다. 챗GPT를 사용하면 나의 기술과 업적을 강조하고 내가 해당 직무에 적합한 후보자임을 고용주에게 확신시키는 매력적인 문장을 작성할 수 있다.

10단계: 마지막 점검하기

지금까지 설명한 단계를 따르면 챗GPT를 사용하여 아이디어와 제안을 생성하고, 자기소개서를 작업 요구 사항에 맞게 사용자 지정하고, 교정하고 편집해 간결하며 오류가 없는지 확인할 수 있다. 이렇게 할 수 있다면 잘 쓰인 자기소개서라고 해도 과언이 아니다.

챗GPT가 잘못한 것들을
교정하기

• • • •

채용담당자는 챗GPT가 훌륭한 기반을 제공할 수 있지만, 지원자가 스스로 목적을 정하고 글을 쓴 다음에 챗GPT를 이용해야 100% 완벽한 자기소개서를 쓸 수 있다.

예를 들어, '나는 리더십이 있다'는 말은 괜찮지만 어떻게 사용했는지 설명하지 않으면 의미가 없다. 팀에 긍정적인 영향을 미친 정량화 가능한 결과로 리더십 예를 포함해야 한다. Recruiter.com의 창립자 Miles Jennings는 "구직자들은 완성된 이력서를 작성하는 방법이 아니라 빈 페이지의 여백을 없애기 위한 출발점으로 챗GPT를 사용해야 한다."라고 조언했다. 만약 그래픽 디자이너가 되려고 한다면, 신입 그래픽 디자이너를 위한 멋진 이력서를 써달라고 요청할 것이다. 그러나 그것을 그대로 쓰지 말고 여러 차례 수정해야 한다. 지원자 중에서 챗GPT에게 이력서 중요 항목을 제공한 후 반복해서 작성하도록 요청했더니 더 나은 응답을 얻을 수 있었다고 말하는 사람이 많다.

지원자는 눈에 띄기를 원하지만 많은 사람이 챗GPT를 사용하기 때문에 그저 생성된 내용을 제출만 하면 차별화가 안 된다.

챗GPT 프롬프트의
명령어 활용법

• • • •

│ 프롬프트의 기본 구조 이해

프롬프트는 내용과 형식으로 이루어진다. '챗GPT'와 대화해 본 사람이라면 누구나 '질문'의 중요성을 깨닫게 된다. AI에게 얼마나 명확하고 상세한 질문을 던지냐에 따라 답변의 신뢰도, 내용이 달라지기 때문이다. 이처럼 AI에게 특정한 결과물을 생성하도록 내리는 지시가 '프롬프트(prompt·명령어)'며 질문하는 법과 연결되어 있다.

 chatGPT 프롬프트 잘 질문하는 법

 좋은 질문을 하려면 다음과 같은 팁을 따르는 것이 좋습니다.　👍 👎

1. 명확하게 정의된 질문: 질문이 명확하고 목적이 명확하게 정의되어야 합니다. 모호한 질문은 대답을 얻기 어렵게 만듭니다.
2. 목표 설정: 질문을 하기 전에 목표를 설정하고 그 목표를 달성하기 위해 어떤 정보가 필요한지 생각해보세요.
3. 관련성: 질문이 주제와 관련이 있는지 확인하세요. 무작위로 질문하는 것보다는 관련성 있는 질문을 하는 것이 좋습니다.
4. 개인적인 관심사와 연결: 질문이 개인적인 관심사와 연결되어 있으면 더욱 흥미롭고 의미 있는 대화가 가능합니다.
5. 여러가지 질문: 다양한 유형의 질문을 하면 더욱 풍부한 대화를 할 수 있습니다. 예를 들어, 개인적인 경험에 관한 질문, 인터넷에서 검색할 수 없는 정보에 관한 질문, 미래에 대한 예측에 관한 질문 등이 있습니다.

컴퓨터는 우리가 쓴 명령어를 통해 의도를 이해하고 지시 사항을 수행한다. 챗GPT 홈페이지에서 챗봇과 대화를 나눌 때 우리가 사용하는 채팅창은 그 자체로 이미 프롬프트이다. 챗GPT가 인기를 끄는 이유 중 하나는 사람이 일상적인 구어체로 명령해도 AI가 곧잘 이해할 만큼 GPT 계열 모델의 자연어 처리 능력이 탁월하다는 데 있다.

챗GPT는 '똑똑한 인턴'이라고 생각한다. 인턴에게 일을 맡길 때는 구체적인 지침이 있어야 한다. 내용은 주제를 명확하게 잡고, 그 주제를 보충하는 설명이 맥락이다. 원하는 결과를 얻기 위해서 숙지해야 할 명령어가 필요하다. 예를 들면 "삼성전자 기술 영업 분야에 대한 설명"을 구체화하는 것이다.

Q. 삼성전자에서 기술영업 분야에 대해 설명해줘.

A. 삼성전자의 기술영업은 영업 과정에서 고객에게 기술 지원을 제공하는 분야입니다. 여기에는 고객 요구 식별, 적절한 제품 또는 서비스 제안, 고객이 정보에 입각한 구매 결정을 내릴 수 있도록 기술 정보 및 지침 제공이 포함될 수 있습니다.

이 분야에서 직원은 고객과 효과적으로 상호 작용하고 고객의 요구 사항을 이해하기 위해 기술 지식과 강력한 커뮤니케이션 기술을 모두 갖추어야 합니다. 또한 고객에게 최상의 솔루션을 제공하기 위해 엔지니어링, 마케팅 및 고객 서비스와 같은 내부 팀과 효과적으로 협업할 수 있어야 합니다.

삼성전자의 기술 영업 사원은 스마트폰, TV, 가전, 반도체 등 다양한 제품 라인과 산업 분야에서 일하고 있습니다. 고객이 필요에 맞는 올바른 제품과 솔루션을 찾도록 돕고 삼성전자의 비즈니스 성장을 주도하는 데 중요한 역할을 합니다.

전반적으로 기술영업은 필요한 기술과 전문성을 갖춘 사람에게 경력 개발 및 발전의 기회를 제공하는 삼성전자의 도전적이지만 보람 있는 분야입니다.

형식은 원하는 결과물을 구체화하기 위해서는 그릇을 말한다. 예를 들면 "500자 이내로 써줘", "제시한 수치를 표로 만들어줘" 형식을 지정하는 것이다. 텍스트, 리스트, 표, CSV, HTML, 자바스크립트 형식이 있다.

Q. 삼성전자에서 기술영업 분야에 대해 500자로 설명해줘.

A. 삼성전자는 다양한 전자 기기와 서비스를 생산하는 글로벌 기술 기업입니다. 기술영업은 회사의 핵심 영역이며 영업 과정에서 고객에게 기술 지원을 제공하는 것입니다. 이 기사에서는 이 분야에서 성공하기 위해 필요한 기술과 이 분야에서 일하는 사람들에게 존재하는 도전과 기회를 포함하여 삼성전자에서 기술영업의 역할을 탐색할 것입니다.

삼성전자 기술영업의 역할

삼성전자의 기술영업 분야에서는 영업 과정에서 고객에게 기술 지원을 제공하는 업무를 담당하고 있습니다. 여기에는 고객 요구 식별, 적절한 제품 또는 서비스 제안, 고객이 정보에 입각한 구매 결정을 내릴 수 있도록 기술 정보 및 지침 제공이 포함될 수 있습니다. 기술영업 사원은 복잡한 기술 개념을 명확하고 간결하게 설명할 수 있어야 하며 판매하는 제품 및 서비스에 대한 깊은 이해가 있어야 합니다.

삼성전자의 기술 영업 사원은 고객과의 업무 외에도 엔지니어링, 마케팅, 고객 서비스 등 내부 팀과 긴밀하게 협력하고 있습니다. 고객에게 최상의 솔루션을 제공하고 삼성 제품 및 서비스의 개선 영역을 파악하기 위해 여러 부서에서 효과적으로 일할 수 있어야 합니다.

기술영업 성공에 필요한 기술

삼성전자의 기술영업 분야에서 성공하려면 직원들이 다양한 기술과 자질을 갖추어야 합니다. 여기에는 다음이 포함됩니다.

강력한 기술 지식: 기술영업 사원은 자신이 판매하는 제품과 서비스에 대해 깊이 이해하고 있어야 하며 더 넓은 기술 환경에 대한 이해도 있어야 합니다.

뛰어난 의사소통 능력: 직원은 기술 개념을 명확하고 간결하게 설명할 수 있어야 하며 고객 및 내부 팀 모두와 효과적으로 작업할 수 있어야 합니다.

분석적 사고: 기술영업 직원은 고객의 요구 사항을 분석하고 이러한 요구 사항을 충족하는 최상의 솔루션을 식별할 수 있어야 합니다.

협력적 사고방식: 직원들은 고객에게 최상의 솔루션을 제공하기 위해

내부 팀과 효과적으로 협력할 수 있어야 합니다.

영업 기술: 기술 지식도 중요하지만 기술영업 직원은 고객 요구 사항을 파악하고 거래를 성사시키는 능력을 포함하여 강력한 영업 기술도 갖추어야 합니다.

삼성전자 기술영업의 도전과 기회

삼성전자의 기술영업 현장은 도전적이면서도 보람이 있습니다. 가장 큰 과제 중 하나는 끊임없이 진화하는 빠르게 변화하는 기술 환경에 보조를 맞추는 것입니다. 기술영업 직원은 고객에게 최상의 솔루션을 제공하기 위해 최신 트렌드와 혁신을 최신 상태로 유지할 수 있어야 합니다. 동시에 삼성전자의 기술영업 분야에는 경력 성장과 개발의 기회가 많이 있습니다. 회사는 직원 개발에 투자하기 위해 최선을 다하고 있으며 직원이 기술과 전문 지식을 개발할 수 있도록 다양한 교육 및 개발 기회를 제공합니다.

결론

기술영업은 삼성전자의 핵심 영역으로, 영업 과정에서 고객에게 기술 지원을 제공하는 것입니다. 이 분야에서 성공하려면 직원들은 강력한 기술 지식, 뛰어난 의사소통 기술, 분석적 사고, 협력적 사고방식 및 강력한 판매 기술을 포함하여 다양한 기술과 특성을 갖추어야 합니다. 기술영업 분야에는 어려움이 있지만, 경력 성장 및 개발의 기회도 많으며 삼성전자는 직원 개발에 투자하기 위해 최선을 다하고 있습니다.

복합질문보다 간단한 표현 사용하기

챗GPT가 이해하기 쉬운 단순한 언어를 사용하는 것이 좋다. 복잡하고 어려운 언어는 챗GPT가 이해하기 어렵고 오류가 발생할 가능성이 있다. 한 번에 한 가지 주제에 대해서 질문한다. 챗GPT는 대화 단위로 기억의 스위치를 끄고 켠다. 하나의 대화 안에서 이전의 대화 내용을 기억하고 대답한다.

수행할 작업의 조건을 수치로 명시하기

챗GPT에게 작업의 조건을 구체적으로 명시하여 더 정확한 응답을 얻을 수 있다.

예를 들어, "최근 뜨는 기업을 추천해줘" 대신 "최근 대학생이 좋아하는 기업 중에서 5가지 추천해줘"라는 지시문을 사용할 수 있다.

Q. 최근 마케팅 트렌드 10가지만 뽑아줘

A. 최근 등장한 10가지 최신 마케팅 트렌드는 다음과 같습니다.

옴니채널 마케팅 – 여러 채널과 접점에서 원활한 경험 제공

사용자 제작 콘텐츠 – 고객이 만든 콘텐츠를 활용하여 브랜드 인지도 및 신뢰도 구축

대화형 콘텐츠 – 퀴즈, 투표 및 기타 대화형 요소를 사용하여 청중과 소통

계정 기반 마케팅 – 개인화된 마케팅 캠페인으로 특정 계정 또는 회사를 대상으로 합니다.

인공지능 및 기계 학습 – 데이터 및 알고리즘을 시용하어 마케팅 활동을 개인화하고 의사결정을 개선합니다.

소셜 커머스 – 고객이 소셜 미디어 플랫폼에서 직접 구매할 수 있도록 합니다.

지속가능성 마케팅 – 사회적 의식이 있는 소비자에게 어필하기 위한 친환경 제품 및 이니셔티브 홍보

음성 검색 최적화 – 스마트 스피커와 같은 음성 지원 장치에 대한 콘텐츠 및 검색 전략 최적화

인플루언서 마케팅 2.0 – 브랜드와 더 깊은 관계를 맺고 있는 소규모 인플루언서 그룹과의 장기적인 관계에 중점을 둡니다.

라이브 비디오 – Facebook Live 및 Instagram Live와 같은 플랫폼을 사용하여 청중과 실시간으로 연결합니다.

이러한 마케팅 트렌드는 소비자 행동의 변화와 진화하는 마케팅 환경을 반영하고 비즈니스에 고객과 소통하고 성장을 주도할 수 있는 새로운 방법을 제공합니다. 이러한 추세를 수용하고 앞서 나가면 기업은 고객과 더 강력한 관계를 구축하고 오늘날의 급변하는 시장에서 경쟁력을 유지할 수 있습니다.

추상적인 질문보다 육하원칙으로 질문하기

5W1H, 언제(When), 어디에서(Where), 누가(Who), 무엇을(What), 왜(Why), 어떻게(How)와 같은 기본 요소를 묻는 것이 좋다.

챗GPT에게 포괄적으로 질문을 던지기보다는 육하원칙으로 문장을 구성해 챗GPT가 생성할 수 있는 응답의 범위를 구체화하는 것이 좋다. 예를 들어, '어떻게' 대신 '어떤 방법으로'라는 지시문을 사용할 수 있다.

▎원하는 프레임워크를 이용하기

프레임워크(Framework)란 대상을 해석하고 사고의 틀을 의미한다. 원하는 목표나 처한 상황에 따라 적절한 SWOT, OKR, 3C, 4P 등 프레임워크를 사용해서 질문해 본다.

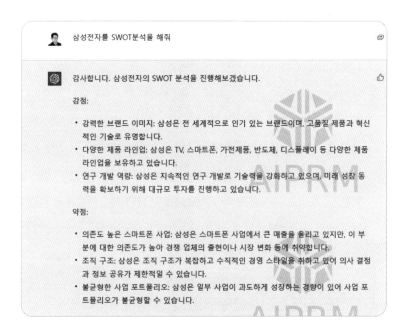

SWOT 분석은 자기소개서를 작성할 때 자신의 강점과 약점을 파악하고, 이를 극복하기 위한 전략을 세우는 데 도움이 되는 유용한 도구

입니다. 이를 활용하여 자기소개서를 작성하려면 아래의 단계를 따르면 좋습니다.

강점 파악: 자신의 뛰어난 역량과 성과를 분석합니다. 이때, 경험과 능력, 지식과 기술 등의 요소를 고려해야 합니다.

기회 파악: 시장 동향과 경쟁 환경, 기업 문화 등을 고려하여 자신이 발휘할 수 있는 역량과 성과를 파악합니다.

약점 파악: 자신의 부족한 역량과 성과를 분석합니다. 이때, 경험과 능력, 지식과 기술 등의 요소를 고려해야 합니다.

위험 파악: 시장 동향과 경쟁 환경, 기업문화 등을 고려하여 자신이 극복해야 할 과제와 위험 요소를 파악합니다.

전략 수립: 자신의 강점과 기회를 최대한 활용하고, 약점과 위험을 극복하기 위한 전략을 수립합니다. 이때, 자신이 개발할 수 있는 역량과 성과, 극복 방안 등을 고려해야 합니다.

SWOT 분석을 활용하여 자기소개서를 작성할 때는, 자신의 강점과 성과를 중심으로 내용을 구성하며, 약점과 위험을 극복하기 위한 전략을 제시하는 것이 좋습니다. 또한, 자신이 할 수 있는 분야나 역할 등을 명확히 제시하여, 회사나 직무에 대한 이해도를 보여줄 수 있도록 노력해야 합니다.

'OKR 분석'은 자기소개서를 작성할 때 바로 적용할 수 있는 가슴 뛰는 조직의 목표를 설정하고, 이에 대한 성과 달성 여부를 공유하고 소통할 수 있는 유용한 도구이다. 'OKR(Objectives and Key Results)'이란 목표(Objectives)와 핵심 결과(Key Results)의 약자로 구성되어 있다.

OKR을 제대로 사용한다면 무엇을, 왜, 어떻게 할 것인지를 명료하게 소통할 수 있다. OKR을 통해서 구성원들에게 일의 맥락을 제공하고, 결국 무엇(목표)을, 왜(목적), 어떻게(방법) 할 것인지를 소통하는 조직문화를 만들 수 있다.

예를 들어 삼성전자 마케팅 매니저의 OKR은 다음과 같이 작성할 수 있다.

삼성전자 마케팅 매니저의 OKR를 표로 작성해줘

Objective	Key Results
삼성전자 브랜드 인지도와 이미지 강화	- 브랜드 인지도를 10% 상승시키기
	- 브랜드 애호도를 15% 상승시키기
	- 온라인 및 오프라인 PR 활동을 통해 20개 이상의 언론 노출 기회 얻기
제품별 판매량 증가 및 시장 점유율 확대	- 스마트폰 판매량을 10% 증가시키기
	- 가전제품 판매량을 8% 증가시키기
	- 전체 시장 점유율을 5% 상승시키기
효과적인 마케팅 캠페인 및 프로모션 전략 실행	- 전반적인 마케팅 캠페인 ROI를 15% 개선하기
	- 캠페인별 전환율을 평균 10% 이상 달성하기
	- 신규 고객 확보 및 재구매율을 높이는 프로모션 및 이벤트 8건 이상 진행하기
콘텐츠 마케팅 및 디지털 홍보 강화	- 콘텐츠 뷰 수를 25% 증가시키기
	- 삼성전자 공식 블로그 및 SNS 구독자 수를 20% 증가시키기
	- 영향력 있는 인플루언서와 10건 이상의 파트너십 협약 체결
마케팅 팀 성과 분석 및 지속적 개선	- 주요 마케팅 지표에 대한 월간 보고서 작성 및 공유
	- 데이터 기반의 마케팅 전략 개선 방안 도출 및 실행
	- 마케팅 예산 사용 효율성을 10% 개선하기

지시의 맥락을 함께 제공하기

챗GPT에게 질문을 제시할 때, 해당 질문의 맥락을 함께 제공하여 챗GPT가 더 적절한 응답을 생성할 수 있도록 해야 한다. 이때 질문 배경과 맥락을 설명해 주면 좋다. 맥락을 없애면 뭉뚝해지고 맥락을 추가해 줄수록 뾰족해진다. 구체적 분야를 정해주고, 실제 어떤 팀을 고려해 질문한다. 예를 들면, 디자인>게임디자인>캐릭터디자인으로 좁혀주는 것이 좋다.

작문에 대한 영감 얻기

챗GPT 프롬프트는 작문에 대한 영감의 원천으로도 사용할 수 있다. 예를 들어, 영화 대본이나 시나리오 초고를 챗GPT에게 물어보면 전혀 예상하지 못한 줄거리 전개도 찾을 수 있다.

창의적인 글쓰기 또는 학문적 목적을 위해 프롬프트를 기반으로 응답을 생성함으로써 사용자는 다양한 아이디어와 관점을 탐구하고 그 과정에서 작문 기술을 개발할 수 있다. 특히, 영작문은 매우 매끄러울 뿐만 아니라 영어 특유의 문체를 구현할 수 있을 정도로 잘 작성된 결과를 얻을 수 있다.

사용자 관점 고려하기

챗GPT를 사용하여 상호 작용하는 경우 고객 또는 의뢰인과 관련하여 프롬프트를 만들 때 고객 관점을 고려해야 한다. 각종 우려 사항을 예상하고 이러한 문제를 명확하고 유용한 방식으로 해결하는 메시지를 제공해야 한다. 즉, 내가 만족한다기보다 나의 글을 읽는 사람이 만족할 수 있도록 작성할 필요가 있다.

✅ 역할을 부여하기

챗GPT에게 역할을 부여하며 주제별 구체적인 대화를 이어나갈 수 있다. 아래 예시는 챗GPT는 AI 스타트업 인사담당자 역할, 나는 스타트업 지원자 역할을 맡은 후 대화를 이어가는 상황이다. 챗GPT에 이 프롬프트를 사용해보면 공식적인 자기소개서 작가로 활동하는 역할을 부여할 수 있다.

> 👤 당신이 자기소개서 작가로 활동해 주셨으면 합니다.나는 당신에게 내 이력서를 제공할 것이고 당신은 그것을 보완할 자기소개서를 생성할 것입니다.회사에 지원하게 될 것이므로 자기소개서는 형식적이고 전문적인 어조를 갖고 싶습니다.당신은 인정합니까?

> 🟢 네, 저는 기꺼이 도와드리겠습니다. 이력서를 제공해주시면, 그에 맞춰 전문적이고 형식적인 어조로 자기소개서를 작성해드리겠습니다. 회사 지원을 위한 자기소개서 작성에 최선을 다해 도와드리겠습니다. 이력서를 제공해주시면 작업을 시작하겠습니다.

챗GPT가 잠재적인 고용주를 현혹하는 자기소개서를 작성하는 데 도움이 되는 도구가 될 수 있다. 이러한 제안과 GPT-4의 기능을 사용하여 지원하는 작업에 전문적이고 고유하며 적절한 자기소개서를 작성할 수 있다.

다양한 프롬프트 형식 실험하기

프롬프트를 구성하는 방법에는 여러 가지가 있으며 어떤 형식은 당면한 작업에 따라 다른 형식보다 더 잘 작동한다. 챗GPT에서 프롬프트를 효과적으로 사용하려면 간단하고 간결한 표현 사용, 작업에 대한 특정 조건 제공, 지침 제공, 원하는 출력 형식 제공, 다양한 프롬프트로 실험하면 좋다. 빈칸 채우기 또는 객관식 질문과 같은 다양한 프롬프트 형식을 실험하여 가장 효과적인 내용을 찾을 수 있다.

적절하게 요청하기

구체적이고 명확한 주제를 선택하고 이와 관련된 주요 질문을 작성하고 주제에 대한 다양한 관점을 장려하는 프롬프트를 만들면 좋다는 의미다. 대화의 명확한 목표를 설정하고 사용자의 입력을 기반으로 적절한 질문을 제공하는 것이 좋다.

예를 들면, 단순하게 '써줘'보다 '설명해줘'라고 질문할 때 더 정확하게 나오는 경우가 있다.

챗GPT의 일반적인 명령어 목록은 없지만, 여러분이 챗GPT와 상호작용할 때 유용한 몇 가지 일반적인 문구들은 다음과 같다.

- "알려줘" – 챗GPT에게 정보나 답변을 요청한다.
- "설명해줘" – 챗GPT에게 개념을 설명하거나 추가 정보를 요청한다.
- "정의해줘" – 챗GPT에게 단어나 용어의 정의를 요청한다.
- "요약해줘" – 챗GPT에게 긴 문장을 짧게 요약할 때 요청한다.
- "브레인스토밍해줘" – 제약 없이 창의적인 아이디어를 요청한다.
- "분석해줘" – 챗GPT에 산재된 정보를 원하는 목표로의 분석을 요청한다.
- "번역해줘" – 챗GPT에게 단어나 구문을 다른 언어로 번역해달라고 요청한다.
- "제안해줘" – 챗GPT에게 추천이나 제안을 요청한다.
- "계산해줘" – 챗GPT에게 계산이나 수학 문제를 해결해달라고 요청한다.
- "변환해줘" – 챗GPT에게 단위나 통화를 변환할 것을 요청한다.
- "재생해줘" – 챗GPT에게 게임을 플레이하거나 오락을 제공해달라고 요청한다.

이러한 명령어들은 챗GPT와의 자연어 상호 작용에서 일반적으로 사용되며, 사용자가 필요한 정보나 지원을 얻을 수 있도록 도와준다.

멈췄을 땐 continue, keep going 등 프롬프트를 입력하기

챗GPT를 사용하다 보면 잘 답변하다 말고 중간에서 끊길 때가 자주 있다. 답변이 길면 그런 상황이 자주 발생하곤 한다. 이럴 때는 "내가 유료 요금제를 사용하지 않아서 그런가" 하며 당황하지 말고, 'continue', 'Keep going' 등의 프롬프트를 입력하여 계속 진행할 수 있다.

프롬프트에서 하지 말아야 할 질문

1. 윤리적으로 문제가 될 질문은 하지 않기

윤리적으로 도덕적으로 문제가 되는 대화, 사회적 편간을 드러내는 대화는 계정이 차단되거나 일시 사용 중단되는 경우도 종종 있다. 윤리적으로 문제 되는 질문을 하지 말아야 한다.

2. 개인정보를 유출하지 않기

의외로 채팅을 하다 보면 보안 의식에 대해서 주의가 필요하다. 개인적으로 작성한 프롬프트의 내용이 외부에 알려지지 않겠지만 뜻하지 않은 보안에 대한 잠재적 리스크는 존재할 수 있다. 보안이 필요한 민감 정보를 입력하는 질문은 주의하는 게 좋다.

3. 지나치게 정보를 맹신하지 않기

챗GPT를 쓰다 보면, 똑똑한 지능에 감탄하게 된다. 하지만 '어디까지 정보가 진실인지' 판단해야 한다. 챗GPT는 그럴싸한 거짓말을 잘한다. 챗GPT가 제공하는 응답은 참고용으로만 사용하고, 이 내용이 맞는지 검증하는 과정을 별도로 거쳐야 한다.

4. 편향을 유도할 수 있는 질문 피하기

중요하지만 프롬프트로 명확한 지침을 제공하려면 챗GPT의 응답을 편향시킬 수 있는 유도 질문을 피하는 것도 중요하다. 챗GPT를 특정 응답으로 유도하는 질문이 아니라 가능한 다양한 답변을 허용하는 개방형 질문을 해보는 것이 좋다.

5. 최신 정보나 미래에 대한 예측을 묻지 않기

챗GPT는 2021년까지의 정보만 알고 있다. 따라서 최신 정보나 미래에 대한 예측을 요구하는 질문에는 적합하지 않다. 만약 2021년 이후에 존재하는 것에 관한 질문에 답변한다면 챗GPT가 그럴싸한 거짓말을 했을 가능성이 높다. 최신 정보를 물어보고 싶다면, 프롬프트에 정보를 자세하게 넣어주면 된다.

글쓰기 5T로 질문하고
작성하라

· · · ·

1. 구체적인 태스크(Task)가 무엇인가?

모든 비즈니스에는 과제가 있기 마련이다. 진정한 승자는 과제를 구체적이고 정확하게 기술해야 한다. 사전에 공지된 직무기술서 맞춰서 자기소개서를 작성해야 한다.

2. 글쓰기 목적에 부합되는 타깃(Target)이 무엇인가?

최종적으로 누가 읽고 평가하는지 알아야 좋은 자기소개서를 작성할 수 있다. 물론 클라이언트의 욕구를 반영하고 있어야 한다. 명확한 목표를 정하는 것이 중요하다.

3. 글 전체를 아우를 수 있는 타이틀링(Titling)을 잡았는가?

문서의 핵심을 한눈에 파악할 수 있는 키워드가 제목에 들어있어야 한다. 어떤 문장을 쓰든 타이틀링을 먼저 쓰라.

4. 글쓰기 과정에 대한 탤런트(Talent)를 강화하고 있는가?

글이 한 번에 완성되는 경우는 드물다. 적어도 3번 정도는 고칠 것을 각오해야 한다. 문장은 짧게 쓰고, 맞춤법 검사기(http://speller.cs.pusan.ac.kr)로 확인해 보도록 하자. 맞춤법 하나하나 꼼꼼하게 준수해서 작성한 지원자가 합격률이 높다.

5. 글의 목표 유지를 위해서 타이밍(Timing)을 관리하고 있는가?

신속하게 작성해서 적절한 타이밍을 놓치지 말아야 한다. 종료 시점이 정해지면, 시작점을 잡고 중간 점검 시점도 잡아야 늦지 않고 적절한 시기에 글을 작성할 수 있다. 제출 시점이 임박해서 내려고 하면 실제로 인터넷 사이트가 다운되는 상황도 있을 수 있다. 사전에 점검 시간을 거쳐야 불상사를 막을 수 있다.

Task: 사전에 공지된 직무기술서 조건에 맞춰야 한다

채용에서 원하는 것은 '직무역량'인데 지원자들은 단순히 '경험'을 많이 쓰는 것에 초점을 두다 보니 직무역량을 놓치기 쉽다. 신입의 경우 직무 관련 '경험'이 적을 수밖에 없기에 서류전형에서 연관 아르바이트 및 인턴 경험을 평가의 주안점으로 본다. 이 역시 사전에 공지된 직무기술서에 맞춰 준비한다.

직무기술서는 현장 중심으로 표준화된 내용이다. 불필요하거나 과도한 스펙이 아니라 현장에서 원하는 일과 관련된 능력, 해당 직무에 맞는 스펙을 지원자가 갖추었는지를 평가하는 기준이다. 기존에 정해진 학교 교육이나 직업훈련을 받으면서 원하는 능력을 갖추기는 분명 어렵다. 지원하려는 곳의 모집 요강대로 사전에 준비하지 않으면 채용에서 합격하기는 매우 어렵다.

채용공고를 유심히 살펴야 한다. 지원자는 그 공고에서 희망 직무를 분석하고 핵심역량을 찾아내 준비해야 한다. 채용공고를 통해 제시된 직무에 적합한 스펙을 쌓을 수 있도록 노력해야 한다. 모집 분야별로 직무에 필요한 교육, 경력, 경험, 성과, 자격 등의 필요한 사항을 준비할 수 있도록 직무기술서 등에 공지하고 있다. 공고를 보고 미리 준비하거나 자신이 준비해왔던 각종 경력이나 경험과 일치시키도록 노력해야 한다. 기존 방식대로 준비해왔던 구직자가 채용에 관심을 가진다면 모집 요강에 맞는 자기 경험이나 경력이 무엇인지 골라야 한다. 무작정 경험이 많고 다양한 경력이 있다고 해서 합격한다는 보장이 없고 모집 공고에 적합한 요건을 지닌 사람이 절대적으로 유리하다.

역량 기반 자기소개서는 자신의 연대기를 적는 방법이 아닌 지원동기(조직/직무), 조직 적합성(핵심가치/인재상), 직업기초능력을 평가하는 문항으로 구성되어 있으며, 해당 기업·기관 기준에 따라 평가되고 면접에서 지원자에 대한 참고 자료로 활용된다. 자기소개서에 적힌 경력과 경험(직무 관련 활동)에 대해 수행한 내용, 역할, 주요 성과에 대해 평소에 자세히 기록할수록 유리하며 그렇게 작성된 내용은 면접에서 활용된다. 그렇기에 이력서-자기소개서-면접이 일치되도록 직무 적합성에 관한 활동을 잘 표현해야 한다.

| Target: 자기소개서는 직무역량 중심으로 작성해야 한다

직무에 관련된 작은 경험이라도 직접 경험해보고 이를 바탕으로 자신이 현장에서 어떤 역량을 보여줄 수 있는지 정확하게 설명한다면 기업은 지원자를 직무역량형 인재라고 평가하게 된다. 서류전형을 통과하기 위해서는 자신의 직무역량을 자기소개서에 녹여내는 전략을 짜야 하며 필기시험과 전공 시험까지 사전에 준비해야 한다.

채용에서는 자기소개서를 '역량기반지원서'라고 부르기도 한다. 현재 역량 중심의 자기소개서 작성은 기존에 많이 사용되었던 질문이나 양식과 다르다. 특히, 회사에서 자신의 특성에 맞는 질문을 개발해서 출제한다면 그에 맞는 자기소개서를 특화해서 작성해야 한다. 채용에서는 같은 지원자라도 어떻게 작성하느냐에 따라 다르게 평가받을 수 있다. 채용담당자들은 서류에 기반에 두고 지원자의 성격, 능력, 이미지, 일자리와의 적합성 여부 등을 1차로 판단한다. 기업에서 자기소개서는 지원자에 대한 종합적인 요약서이며 적합한 사람을 뽑을 수 있는 준거 자료다. 자신의 객관적인 경력이나 경험 등을 요약 정리하는 이력서(履歷書)와 지원 회사와 직무에 자신이 어떻게 적합한지에 대해 작성 제출하는 자기소개서(自己紹介書)로 이루어진다.

| Titling: 블라인드 자기소개서는 자신의 직무능력을 연결해서 타이틀로 정리하라

작성할 때부터 자신의 직무와 연결해서 타이틀로 정리하라. 무엇보다도 충분한 여유를 가지고 차분하게 작성해야 내용도 충실하고 군더더기가 없다. 채용은 지원 직무, 모집 요강, 채용 조건이 명확해서 이력서가 정리되지 않으면 지원 자체가 안 된다. 여기서 말하는 직무는 자신이 지금까지 했던 경력, 경험, 교육받은 사항, 자격증을 모두 포괄한다.

자기소개서는 시간 순서와 관계없이 특정 직무를 중심으로 모아서 쓰는 형태다. 직무 중심 채용은 불필요한 내용이나 관련 없는 내용을 쓰면 불합격한다. 채용에서 간과하면 안 되는 점은 자기소개서 작성은 자신의 여러 가지 경험 가운데 직무에 적합한 것을 선택하는 과정이다. 다시 말하면, 채용에서 직무와 관련된 사항은 가장 중요하다. 경력 연차와 상관없이 '지원 직무' 항목에 맞는 내용만 기재해야 한다.

어디에 언제 이메일로 접수했는지 등을 기록한다면 응답하기 좋다. 의외로 자신이 지원한 곳이 어디인지 기억하지 못하는 사람도 있고 전화 답변 또는 이메일 답장을 대수롭지 않게 생각할 수도 있다. 그런데 이것은 채용에서 불이익을 받을 수 있는 사소한 것 같지만 사소하지 않은 이유가 될 수 있다. 내가 인사담당자 입장이라고 가정한다면 충분히 이해할 수 있다. 이메일을 잘 쓰지 않는 사람 중에는 메일함이 스팸으로 가득 차 있기도 하다. 이런 경우 용량이 부족해 기업에서 회신한 내용이 반송될 수 있다. 평소에 스팸메일을 모두 삭제하고 용량을 비우는 습관을 길러야 한다. 이메일 정리는 사소하나 업무에서 매우 중요한 도구이므로 자신이 일하는 데 효율성을 높일 수 있는 형태로 수시로 확인하고 정리하는 것이 좋다.

자신의 직무능력을 타이틀로 정리할 때 챗GPT에게 물어보면 깔끔하게 요약된 문장을 얻을 수 있다.

| Talent: 구체적으로 증빙할 수 있는 것만 적자

교육 사항은 학교 교육과 직업훈련으로 크게 나눌 수 있는데 중요한 점은 증빙할 수 있는 서류가 있어야 한다는 점이다. 증빙서류를 갖추려면 일단 공신력 있는 기관에서 발급된 것이 유리하다. 예를 들어, 정부에서 시행하는 직업훈련, 학교에서 했던 공식적인 교육 사항을 적어야 하는데 그것은 직무와 연관이 있어야만 한다. 직무와 관련이 없는 내용을 적어서는 안 된다. 교육과정과 시간을 적어두는 것은 형식적 측면만이 아니라 자기소개서나 면접에서 실감 나게 설명할 수 있다는 점에서 중요하다.

추상적 직무 교육 사항	구체적 직무 교육 사항
에너지 관련 현업 담당자 초빙 특강	OOO공사 OOO 팀장님 등 에너지 분야 실무전문가 특강을 통해 국내 에너지 산업 현장에서 열역학, 열전달, 유체역학, 연소공학의 적용 이해

직무 관련 주요 내용에서는 바로 위에 적었던 사항을 일목요연하고 명확하게 문장으로 기술하면 좋다. 빈칸을 채운다는 마음으로 교육구분-명칭-과정-시간을 꼼꼼하게 적어야 읽는 사람이 한 번에 이해할 수 있다. 그러한 교육이나 훈련을 받아서 무언가 달라진 점(내가 얻은 효과)을 수치로 표시할 수 있으면 가장 좋다. 일단 객관적인 느낌을 주는 데 수치만큼 좋은 방법이 없고 교육 훈련에 대한 성과를 수치로 표현했기에 읽는 사람이 더 믿음을 가진다.

대표적으로 공공기관은 업무성과를 계량적으로 표현하려고 노력을 기울이므로 주요 내용에서 이런 형태로 적는다면 읽는 사람이 더 익숙하다. 양식에 맞춰 적으려면 아무리 사소해도 분명히 자신이 이수했던 교육을 빠짐없이 기록해야 한다. 공식적 증명서, 인증서를 바탕으로 자신이 실제로 했고 직무와 관련되는 내용만 적는다.

✅ 직무기술서에 있는 자격 사항을 확인하라

채용에서 상대적으로 강조되는 점이 자격증이다. 정부에서 인증한 자격증 가운데 지원 직무와 연관되는 것만 적어야 한다. 그런데 사실 그 범위가 모호하다. 기업 사무직이라면 컴퓨터 활용 능력은 매우 중요한데 그러한 자격증이 상당히 많다. 운전면허 자격증도 많이들 가지고 있는데 과연 여기에 포함되는지도 불분명하다. 사무직이라도 실제 근무하다 보면 출장 등으로 운전할 일이 적지 않으며 사무실이 아닌 현장을 돌아다녀야 하는 경우는 운전면허가 필수다.

아직도 회사에서는 아직도 한자가 업무에서 활용되며 한국사와 한국어 검정 능력 시험은 자격증은 보통 한 번 취득으로 평생 유효하므로 사전에 준비하는 차원에서 시간을 두고 취득하는 것이 좋다. 이는 채용에서도 중요하니 자격증과 직무 적합성의 연관성을 다른 항목보다 유연하게 생각할 필요가 있다.

Timing: 최근 3~5년 이내에 일어난 경험 위주로 작성하고, 마감시간을 맞춰야 한다

경험은 최근 3년~5년 이내에 일어난 경험을 중심으로 작성해야 한다. 너무 오래된 경험은 역량의 신뢰도를 떨어뜨리기 때문이다. 신입 지원자라면 대학생활 위주로, 경력 지원자라면 이전 직장생활 위주로 작성한다. 온라인으로는 유튜브에 'AI 채용'을 검색하면 좋은 내용의 콘텐츠가 많고, 오프라인으로는 대학교 취업지원센터나 취업박람회 등에서 무료 자기소개서 컨설팅이 많다. 여러 차례 들어도 생소한 부분이 생기기에 채용과 관련되는 내용을 꾸준히 들어야 좋다. 그렇지만 자기소개서 원리는 달라지지 않는다. 채용에서 자기소개서는 거의 보지 않는다는 사람도 있고, 자기소개서가 더 중요해졌다고 하는 사람도 있다. 그런데 자기소개서에 담을 내용이 없으면 아예 지원 자체가 불가능하다. 자기 경험이나 경력을 챗GPT가 대신 만들 수는 없고 무슨 내용이든 질문하고 답변받을 수 있을 정도는 되어야 한다.

채용에서 직무 적합성을 중요시하는 이유는 지원자의 직무역량과 경험을 잘 활용해 조직의 이익을 높이는 데 있다. 자기 경험 가운데 모집공고에서 필요로 하는 부분을 꼼꼼하게 찾아야 한다. 자기 경험이 모집공고와 연결되며 이로써 조직에 기여할 수 있다는 점을 보여야 한다. 이 때문에 단순한 경험의 나열, 추상적인 표현으로 경험을 적는 것은 채용담당자의 이목을 잡기 힘들다.

구분	소속 조직	역할	활동기간	활동내용
☑ 경험 ☐ 경력	000	인턴/회원관리	2019.08 ~2019.10	회원관리, 거래처 대상 단체 홍보 경험

경험과 경력은 모두 조직–역할–기간–내용으로 기록하는데 '식무활동, 동아리/동호회, 팀 프로젝트, 연구회, 재능기부' 등이 모두 지원한 직무와 관련 있어야 한다. 교육 사항도 평소 기록하고 일목요연하게 정리해야 한다. 직무활동은 기관이나 기업에서 실시했던 활동과 관련이 있다. 요즘은 어느 단체에서나 협동해서 특정한 업무를 하거나 봉사하는 일이 많아서 그러한 활동을 찾기는 어려운 일이 아니다. 교내외 동아리는 오프라인과 온라인으로 넓게 생각할 수 있는데 역할–기간–내용이 모호하다는 점에서 증거를 남길 수 있는 수준으로 개인이 정리할 필요가 있다. 자격증이나 교육 사항처럼 공식적인 증빙서류가 없는 곳이 많아서 스스로 고민해서 증빙 서류를 만들어야 한다.

	경험 기술서	경력 기술서
내용	구체적으로 본인이 수행한 활동 내용	구체적으로 직무 영역
활동	소속 조직이나 활동에서의 역할	활동/경력/수행 내용
결과	활동 결과 등에 대해 작성	본인의 역할과 구체적 행동, 주요 성과에 대해 작성
범위	직무와 특별히 관계없는 일	직무와 관계 있는 일
소재	돈은 벌지 못했지만 다양한 경험	돈을 벌었던 이력

팀 프로젝트나 동아리도 마찬가지인데 내가 그러한 활동에서 어떤 역할을 맡았는지를 분명하게 기록할 수 있으면 좋다. 활동 내용도 한 사람이 여러 일을 동시에 하는 경우가 많아 평소에 정리하지 않으면 막상 이

력서나 자기소개서를 작성할 때 기억을 못 할 수밖에 없다. '나'라는 사람이 어떤 동아리에서 '총무'를 하다가 '회장'이 되면 역할-기간-내용이 달라지는데 이를 제한된 이력서에 표현할 방법이 별로 없다. 물론 자기소개서에 이를 자세히 적을 수 있지만 일단 이력서에 깔끔하게 적는 방법을 고민해야 한다. 이 경우도 증빙서류를 제출할 수 있도록 준비한다. 경험이 아닌 경력은 위촉장, 수료증, 증명서 등으로 발급할 수 있는 여지가 많아서 경험보다는 더 정리하기가 수월하다.

'직무 관련 주요 내용' 칸도 위에 적은 내용으로 기술해야 하는데 챗GPT의 도움을 받아 경험에 따른 결과를 수치로 표현할 수 있으면 인사담당자는 더 편리하게 지원자의 경험과 역량을 이해한다. 그러한 수치가 나타난 이유를 면접에서 물을 수도 있기에 관심을 받을 수 있다. 실적을 수치로 표현할 수 없어도 논리적이고 자연스럽게 이해할 수 있다면 문제가 없다. "이 사람이 이 조직에서 어떤 역할을 얼마 기간에 했다"는 사실만 명확하게 작성되면 인사담당자의 경험과 지식에서 충분히 납득할 수 있다.

첫 문장은 두괄식으로 내용의 결론부터 작성한다. 자신이 과거에 수행했던 경험이나 경력에 대해서 상세히 적고 챗GPT에게 핵심 문장을 만들어 달라고 할 수 있다. 포트폴리오나 증빙서류가 있다면 간직하고 언제든지 제출할 수 있도록 준비해야 한다. 예를 들어, 학교 다닐 때 장학금을 받은 경험이 있으면 '장학금 수혜 확인서'를 미리 발급받아야 한다. 확인서를 제시할 수 있는 사람과 장학금을 받았다고 말로 주장하는 사람은 분명 차이가 있다. 경험과 경력 사항 표기가 중요해진 만큼 증빙서류를 놓쳐서는 안 된다.

항목별 자기소개서 작성법

• • • •

▎지원동기 잘 쓰는 법

당신은 왜 일을 하는가? 평소 관심 있는 일을 위해 학창 시절부터 경험을 쌓은 사람이 신뢰를 준다. 지원동기는 지원자들의 열정을 미래에서 찾지 않고 과거를 통해 확인하는 것이다. 자기소개, 첫인사, 마무리 등에서 지원동기는 항상 다른 질문에 대한 답변과 논리적으로 일치해야 한다. 지원동기를 뒷받침하는 배경이나 자신만의 이야기가 불일치한다면 신뢰가 그만큼 떨어진다.

지원동기를 잘 쓰려면 일단 자신이 가고 싶은 기관에 관한 이해가 무엇보다 중요하다. 예를 들어, 희망하는 기업에서 하는 일과 직간접적으로 같은 일을 했다면 지원동기를 작성하는 데 수월하다. 내가 취득한 자격증이 지원하는 회사에서 필요한 것이어도 설득력을 얻을 수 있다. 다른 무엇보다도 자기소개서 작성과 면접에서도 지원동기를 얼마나 명확하게 설명하는지가 당락을 결정한다.

성격의 장단점 잘 쓰는 법

성격의 장단점은 자기소개서 작성에서 고전적으로 매번 물어보는 항목이다. 성격의 장점을 기록할 때 하나의 사례를 두고 최대한 구체적으로 적으면 좋다. 여러 사례를 단순히 나열하는 것은 의미가 없다. 읽는 사람의 머릿속에서 상상할 수 있을 정도로 한 가지 사례를 자세하게 적는 것이 좋다. 스스로 '성실하다', '착하다', '활동적이다'라고 하는 것이 아니라 읽는 사람이 그렇게 느끼도록 만들어야 한다.

단점도 마찬가지로 장점처럼 단점을 작위적으로 쓰지 말고 '단점'을 인정하고 그것을 고치려고 '구체적인 노력'을 하는 모습을 적어야 한다. 단점을 적으라는데 장점처럼 쓰면 읽는 사람이 상당히 혼란스럽다. 단점을 분명히 적고 그것을 어떤 식으로 개선, 보완하고 있는지를 자세히 적는 것이 좋다.

성장과정 잘 쓰는 법

성장과정도 그 사람의 인성, 태도, 습관, 성격을 추측하는 데 중요한 문항이다. 이미 예전부터 성장과정 작성 방법이 수없이 공개되었지만, 자신의 이야기를 잘 담아야 한다. 읽는 사람이 '이 사람의 성장과정이 이렇구나!'를 연상할 수 있을 정도가 된다면 성공했다고 봐도 무방하다. 성장과정도 단순히 나열하거나 자랑하는 것이 아니라 하나의 상황, 사건, 사례를 두고 읽는 사람이 추측할 수 있도록 작성해야 한다. '이 사람이 어떻구나!'를 알려주는 데 성장과정 자기소개서의 목적이 있다.

입사 후 포부 잘 쓰는 법

입사 후 포부는 일단 희망하는 회사가 어떤 일을 하고 어떤 특징을 가지는지 어느 정도 알아야 작성할 수 있다. 자신이 근무할 회사에 일할 수 있는 적합한 사람이라는 모습을 보여주어야 한다. 자신이 가지고 있는 자격, 경험, 경력을 바탕으로 입사하면 무엇을 어떻게 하겠다는 흐름으로 작성하는 것이 좋다.

무작정 입사하면 잘 할 수 있다는 느낌은 금물이다. 채용된 다음에 자신이 어느 부서에 배치될지는 미리 알 수 없으며 입사 이후에 새롭게 생기는 직무를 자신이 맡을지도 모르는 일이다. 입사 후 포부는 자기소개서를 작성하는 그 시점 이전까지 이력서를 되짚어보면서 작성해야 한다.

성취 경험 잘 쓰는 법

성취 경험도 앞서 말한 요령이 그대로 적용된다. 자신이 잘 쓸 수 있고 말할 수 있는 소재를 골라서 구체적으로 작성해야 한다. 성취 경험은 '성과 달성'과 연결되므로 막연하게 성공, 성취, 목표 달성으로 적지 말고 '숫자'를 활용하는 것이 좋다. 단순히 '성적이 향상되었다'가 아니라 '30점 향상'으로 적는 원리와 같다. 숫자에는 비율도 포함된다. '몇 퍼센트(%) 상승시켰다'라는 형태의 표현은 자기소개서뿐만 아니라 프레젠테이션 면접이나 심층 면접에서도 적용된다. 성취라는 단어는 구체적인 성과나 목표와 연결되므로 이를 구체적이고 계산하도록 표현하는 것이 중요하다.

역량 기반 자기소개서 작성법

· · · · ·

▎자기소개서를 쓰기 전에 역량을 먼저 확인하자

이제 기업은 역량 기반 채용을 전면 도입하고 있다. 무작정 자기소개서를 쓰는 것이 아니라 자신의 역량을 확인해야 한다. 어렵지 않다. 아래와 같이 자신이 어떤 능력이 있는지 확인하는 과정이다. 가장 좋은 방법은 자기 경험을 표로 정리해보는 것이다.

직업기초 능력	하위능력	주요 관련 경험
의사소통 능력	문서이해와 작성 경청능력, 의사표현능력 기초외국어 능력	자신과 다른 사람의 생각을 바꾸고 설득했던 경험
수리능력	기초 연산 및 통계 도표 분석 및 작성	문제 해결을 위해 분석력을 발휘했던 경험
문제해결 능력	사고력, 문제 처리	해결하기 어려웠던 문제를 창의적 사고를 통해 개선한 경험
자기계발능력	자아 인식, 자기 관리, 경력 계발	자기계발을 위해 노력하고 있는 것

자원관리 능력	시간/예산/물적자원/인적 자원 관리	큰 성취를 이뤘던 경험
대인관계 능력	팀워크, 갈등 관리, 리더십, 협상, 고객서비스	공동의 목표를 달성하기 위해 협업한 경험, 공동의 목표를 달성하는 과정에서 발생한 갈등을 원만하게 해결한 경험, 리더로서 팀원들에게 비전을 제시하고 동기를 부여해 목표를 달성했던 경험, 소속된 조직 및 단체에서 이견을 조율하고 협상을 이끌어냈던 경험, 고객의 불만을 이해하고 그에 대한 해결책을 제시했던 경험
정보능력	컴퓨터 활용, 정보 처리	원하는 정보를 수집하고 분석해 목표를 달성했던 경험
기술능력	기술 이해/선택/적용	지원 직무 수행 시 필요한 지식과 기술을 쌓기 위해 노력한 경험
조직이해 능력	국제 감각, 조직 체제 이해, 경영 이해, 업무 이해	지원하는 기관의 비전, 핵심가치, 사업 방향에 대한 이해
직업윤리	근로윤리, 공동체윤리	근면함, 성실함, 정직함을 발휘했던 경험, 봉사활동 경험

직업기초능력을 적절하게 적용해서
자기소개서 경험을 풀어가야 한다

이제 직무를 바탕으로 그와 직결되는 역량을 설명하면 된다. 자기소개서 작성에서 가장 중요한 부분은 직업기초능력에 맞게 자기 경험을 적는 것이다. 하위영역 능력별로 개념을 이해해 각각 경험과의 매칭을 통해 시너지 효과를 내는 구조로 작성해야 한다. 기업에서 제공하는 직무기술서를 적용해 자기소개서를 작성하면 높은 점수를 받을 수 있다.

역량(competency)은 조직구성원이 지식과 기술, 행동양식, 가치관, 성격 등 다양한 요소를 종합적으로 활용해 높은 성과를 낼 때 나타나는 측정 가능한 특성이다. 즉, 직무의 성공적 수행과 관련된 능력이다. 특정 상황에서 어떻게 행동하는지에 대한 자료를 수집해 지원자의 특징을 파악하기 위해서 강조된 개념이 역량이다.

역량은 지식, 관계, 실행 분야로 나눌 수 있고 그것은 자기소개서를 평가하거나 면접관의 평가 기준에도 그대로 적용된다. 공공기관에서 역량은 어느 정도 눈에 드러나는 특성으로 평가한다. 그것을 자기소개서나 면접에서 확인할 수 있고 과거와 다르게 구체적인 평가 기준을 설정해서 자의적으로 채점하지 못하도록 하고 있다. 면접 과정은 반드시 역량평가 기준에 따라 진행한다. 평가 자료 통합 전에 접관 개인의 결과를 공유하지 않는다. 평가 기준을 벗어나거나 돌발 상황이 발생하면 반드시 기록한다. 면접관은 개인의 가치관을 버리고 평가자로 참여하므로 자신을 객관적으로 드러내야 통과한다.

┃ 직무기술서는 역량기술서다

역량 중심으로 뽑는 이유는 지원자가 입사 후에 미래 직무에서 높은 성과를 거둘 것이라는 근거이기 때문이다. 역량 중심 채용은 역량 요건 분석, 개인 역량 평가, 직무와 사람의 연결, 역량 중심 선발로 이어진다. 장점은 직무 요건에 명확한 기준을 제공, 지원자의 지식과 기술을 가늠할 수 있다. 이로써 조직에서 성공할 사람을 채용할 가능성이 높아지며 잠재력을 확인할 수도 있다. 역량 중심 채용은 체계적인 면접 과정을 설계할 때 더 정확해진다.

		기술 역량
교 육	기술(특정 과제를 수행하는 능력)	해당 직무나 역할을 수행하는 데 반드시 필요한 것을 일정 수준 까지 학습 가능
	지식(특정 분야에 대한 정보)	
채 용	가치관(자신이 타인에게 보여주는 중요한 가치)	행동 역량 개인 특징과 경험에 따른 문제 해결 방식 일반 성과를 뛰어넘는 차별성 확보 가능하나 학습 어려움
	자기 이미지(자신의 내면에 있는 이미지)	
	특질(개인이 가진 일관된 인지 심리적 반응)	
	동기(개인이 지닌 일관된 생각이나 선호)	

교육으로 변할 가능성이 높은 기술이나 지식은 벼락치기 형태로 준비할 수 있지만, 학습이 어려운 가치관, 특징, 동기 등은 단기간에 바꾸기가 쉽지 않다. 가치관, 이미지, 특징, 동기를 읽는 사람이 캐릭터를 떠올릴 수 있도록 자기소개서를 써야 통과하기 쉽다. 이러한 모습을 간접적으로 알 수 있는 항목이 바로 성격의 장단점이다.

▎역면접의 기초, 직무기술서

면접과 자기소개서로 면접관을 '역면접'하려면 공공기관에서 제시하는 직무기술서를 자세히 읽어볼 필요가 있다. 직무기술서는 일종의 평가 범위를 정해준 것이다. 평가하는 사람도 직무기술서에 공지된 기준에 맞는 적합한 인재를 선발해야 한다. 직무기술서가 없었을 때 채용 방식은 지원자를 종합적으로 살펴보고 판단하는 경향이 강했다.

그렇지만 특정한 직무에 적합한 사람을 뽑는 블라인드 채용에서는 종합적으로 사람을 판단하기보다 구체적으로 그 사람의 역량을 살펴야만 한다. 오히려 면접관이나 담당자도 신경을 많이 써야 한다. 역면접은 지원자가 면접관이나 공공기관의 의도를 파악해 준비한다는 의미다. 과거에는 지원자가 어떤 기준으로 채용되는지 알 길이 없었지만, 지금은 직무기술서 등을 근거로 유추할 수 있다. 직무기술서와 자기소개서를 항목별로 챗GPT에게 물어보고 답변받으면 직무기술서에 더 적합한 자기소개서로 맞출 수도 있다.

직무와 연관된 지원자는 탈락하지 않는다

이력서보다 자기소개서를 잘 작성하는 것이 중요하다. 다시 말해서, 직무와 관련된 활동을 꾸준히 했던 사람이 이력서를 작성할 수 있고, 그 이력서를 잘 설명할 수 있는 자기소개서를 꾸며야 한다.

자기소개서는 과거부터 지원하는 시점까지 있었던 일을 바탕으로 쓰는 것이지 미래에 대한 추측이나 막연한 희망으로 작성하면 안 된다. 자기소개서는 읽는 사람이 직관적으로 '무엇을 말하고 있는지'를 알 수 있도록 적는 것이 좋다. 자기소개서는 읽는 사람이 원하는 수준, 범위, 내용에 최대한 맞춰야 한다.

여러 차례 면접 경험이 있거나 이미 경력자인 경우는 자신이 알고 있는 전문성을 총동원해 실력을 포장하는 데 신경 쓰기도 한다. 하지만 이런 글은 인사담당자에게 핵심을 알려주기보다 분량이나 포장하려는 욕심에 쫓겨서 오히려 자기 홍보를 못 한다.

▎경험하거나 아는 것만 적자

경험한 사람만이 적을 수 있는 내용이 있다면 인사담당자에게 강력한 설득력을 제시할 수 있다. 그것이 직무와 연관 있으며 지엽적인 경험이 아니라면 충분히 인사담당자는 그것을 이해할 수 있다. 직무 적합성이 중요한 채용에서는 독창성보다 숙련도에 초점이 맞추어져 있다. 과연 지원자가 해당 업무를 할 수 있는 기본 역량이 있는지가 관건인데 그 역량은 자격, 경험, 경력 등이 일관성이 있는지와 연결된다. 일관성은 다른 말로 공통점이기도 하며 지식과 경험의 숙련도와 일치한다. 신입 지원자에게 숙련도를 기대하기는 어렵지만 여기서 의미하는 숙련도는 '직무와 관련된 활동을 꾸준히 했는지' 여부다.

경력이 적은 신입 지원자는 해당 분야에 대한 자신의 수행 업무 능력을 강조하는 데 어려움이 있다. 직무와 관련된 교육, 훈련, 활동 사항을 평소에 기록하고 그것을 자기소개서에서 표현해야 한다. 반대로 경력이 많은 사람은 이전 직장에서 수행했던 업무와 직무 연관성을 강조해야 한다. 단순하게 경력을 많이 나열하다 보면 인사담당자가 좋아할 만한 부분이 하나쯤은 있다고 생각하지만, 그것은 오히려 전체 흐름을 해칠 수가 있다.

자기소개서에는 정해진 분량에 맞게 자신의 역량을 잘 드러내면서 동시에 '산만하게 보이지 않을까'를 항시 고민해야 한다. 산만한 문장을 다듬는 데 챗GPT를 사용해야 한다. '문장 다듬기'는 챗GPT의 특기며 영어 자기소개서를 다듬을 때는 이를 활용하면 거의 완벽하게 윤문을 할 수 있다. 단순히 경력만 나열해서 인사담당자가 좋아하지는 않고 그것과 연관되는 생각이나 결과가 나타나야 한다. 경력 중심으로 쓰는 것과 나열하는 것은 다르다. 특히, 역량은 교육 훈련 항목과 자격증과 연결해 설명해야 설득력이 높아진다는 점을 잊어서는 안 된다.

자기소개서를 작성할 때 모집 공고를 자세히 살펴보지 않거나 무작정 작성해서 인사담당자가 원하는 기준과 다를 경우는 불합격이다. 채용에서 원하는 이력서와 자기소개서는 재능이 크게 작용하는 문학적 글쓰기와 다르다. 오히려 자신이 겪었던 사항을 사실적으로 잘 표현하는지가 훨씬 중요하다. 처음 이러한 자기소개서를 작성하려면 부담이 되는 것이 사실이지만 이는 경력이 제대로 갖추어지지 않았거나 그것을 잘 정리하지 못해 생긴다고 볼 수 있다. 결국, 이력서를 바탕으로 지원 직무와 역량 항목을 잘 갖추어 적어야 한다는 의미다.

직무설명자료 예시

채용분야	행정	분류체계	대분류	02. 경영·회계·사무
			중분류	01. 기획·사무, 02. 총무인사
			소분류	01. 경영 기획, 03. 일반사무
			세분류	01. 경영 기획, 02. 경영평가, 02. 사무행정

공단 주요 사업	○능력개발, 자격검정, 외국인고용지원, 해외취업/국제교육협력, 숙련기술진흥/기능경기대회, 국가직무능력표준(NCS)
직무 수행 내용	○(경영기획) 경영목표를 효과적으로 달성하기 위한 전략을 수립하고 최적의 자원을 효율적으로 배분하도록 경영진의 의사결정을 체계적으로 지원 ○(경영평가) 조직의 지속적 성장을 위하여 경영목표에 따른 평가기준을 마련하고, 일정기간 동안 조직이 수행한 성과를 이 기준에 따라 분석·정리하여 보고 ○(사무행정) 문서관리, 문서작성, 데이터관리, 사무자동화 관리운용 등 조직 내·외부에서 요청하거나 필요한 업무를 지원하고 관리

전형 방법	○직무능력평가→직무능력면접→인턴선발→인턴근무기간평가→최종정규직 전환	
일반 요건	연령	공고문 참조
	성별	무관
교육 요건	학력	무관
	전공	무관
능력 단위	○(경영기획) 01 사업환경분석 03 경영기획수립 ○(경영평가) 01 경영평가계획 수립 04 경영평가방법 설정 ○(사무행정) 01 문서작성, 02 문서관리	
필요 지식	○(경영기획) 내·외부 환경분석 기법, 사업별 핵심성과 평가기준 및 전략기술 등 ○(경영평가) 경영조직 체계 및 평가방법론, 노사관계법, 인사 관련 규정분석, 일정관리방법론, 정보수집 및 분류체계 기법 등 ○(사무행정) 업무처리 지침 개념, 문서기안 절차 및 규정, 전자정보관리 및 보안 규정, 회의운영 방법 등	
필요 기술	○(경영기획) 사업기획 및 보고서 작성 기술, 문제예측 및 대응방안 능력, 분석기법 및 통계 프로그램 운영기술, 의사결정 능력 등 ○(경영평가) 경영공시 시스템 사용기술, 공문서 작성능력, 정보수집 기술능력, 평가분석(SWOT) 활용기술 등 ○(사무행정) 데이터베이스관리능력, 문서분류 및 관리능력, 사무기기활용능력, 회의내용 이해 및 처리능력 등	
직무 수행 태도	○(경영기획) 객관적인 판단 및 논리적인 분석 태도, 사업파악 및 개선의지, 투명하고 공정한 업무 수행의 청렴성, 문제 해결의 적극적인 의지, 창의적인 사고노력, 의사결정 판단 자세, 주인의식 및 책임감 있는 태도 ○(경영평가) 경영자원전략자세, 수용적 의지 및 관찰태도, 다양한 정보수집을 하려는 태도, 합리적인 분류자체 등 ○(사무행정) 고객지향의지, 데이터특성 및 분석기술, 업무규정준수, 업무협조 노력, 회의처리 능력 등	
필요 자격	○경영 및 행정 관련 전문지식 및 경험 보유자	
직업 기초 능력	○의사소통능력, 조직이해능력, 수리능력, 문제해결능력, 자기개발능력, 자원관리능력, 정보능력, 대인관계능력, 기술능력, 직업윤리	
참고 사이트	○www.ncs.go.kr	

예를 들어, 직무기술서의 채용 분야는 '행정'으로 분류체계에 명시된 직무는 경영, 회계, 사무, 기획, 총무, 인사, 평가라고 볼 수 있다. 그렇다면 자신이 이러한 직무에 적합한 활동을 했는지를 돌이켜봐야 한다. '주요사업'에서 채용을 예정한 기관의 할 일을 보여주고 '직무수행내용'에서 경영, 기획, 행정에 관한 사항을 수행한다는 점을 알려주고 있다. 지원자는 전략 수립과 지원, 평가 기준 마련과 보고, 문서 등 관리운용 지원에 관한 업무와 관련된 활동을 했는지 검토해야 한다. '필요지식, 필요기술, 직무수행태도'에서 열거된 다양한 내용에 관련되는 경력, 경험, 자격 등이 있는지 돌이켜보거나 앞으로 이에 맞추어 준비해야 한다. 예를 들어, 이렇게 열거된 다양한 내용에 자신이 가지고 있는 자격증이 연결되는지, 내가 했던 동아리 활동이 과연 어느 부분과 관련 있는지 등을 고민해봐야 한다.

이렇게 다양하게 사항도 이미 기존 채용에서 중요시하는 부분과 많이 겹친다는 점에서 '엄청나게' 새로운 내용은 없다. 그런데 자신이 이러한 요건과 관련이 없거나 연결고리가 불분명하다면 지원하더라도 좋은 결과를 기대하기 어렵다. 필요 자격은 자격 또는 경력을 의미하며 직업기초능력에 기초한 필기시험과 면접을 실시한다는 점에서 무엇을 준비해야 할지 알 수 있다. 현재 이 예시는 일반적인 행정 분야의 채용이기 때문에 요건이 포괄적이나 직종 범위 자체가 좁으면 요건도 그만큼 좁아진다는 점을 알아야 한다.

| 직무 적합성은 업무 전문성이다

지식과 기술의 양은 측정하기가 편리하다. 직무에 관한 지식을 측정하는 것은 객관식 시험으로 판별할 수 있지만, 인지력과 관련된 지식과 기술은 알아내기 쉽지 않다. 채용에서 전문성이라는 항목은 직무 적합성의 바탕이 되며 문제해결능력과 직결된다. 문제해결능력은 기업이나 공공기관 모두 중요하게 생각하는 영역이다.

채용 준비 방법은 자신이 원하는 직무 관련 설명자료를 통해 그것이 자기 적성과 일치하는지를 파악하여 직무를 고른다. 직무 관련 설명자료를 바탕으로 파악된 능력 중 부족한 요소는 학습 활동 등을 통해 높인다. 적합한 요소는 유지 또는 더 높여 자신만의 강점이 되도록 관리한다.

서류전형에서 공고된 '직무 관련 설명자료'를 기반으로 모집 직무별로 요구되는 내용을 기입한다. 지원자의 교육 이수 내용, 자격 사항, 경험 및 경력 사항 등이며 직무에서 요구하는 능력과 연결해야 한다. 직무 관련 설명자료를 바탕으로 직무와 관련된 학교 교육, 직업교육, 기타교육 등 지원자가 이수한 교육을 쓴다. 채용공고문 또는 '직무 관련 설명자료'에 제시된 자격 현황, 지식, 기술 등을 토대로 해당 직무를 수행하는 데 필요한 공식화된 능력을 적는다. 경력은 금전적 보수를 받고 일정 기간 일했던 경우, 경험은 금전적 보수를 받지 않고 수행한 활동을 말한다.

직무능력소개서는 경력 혹은 경험을 구체적이고 자세한 설명을 통해 기술한다. 만약 작성된 자기소개서를 각 직무능력에 맞게 수정해달라고 챗GPT에 요청하면 문맥이 다소 달라지며 자신이 미처 생각하지 못했던 줄거리로 재구성될 수도 있다. 예를 들어, '문제해결능력에 맞춰서 자기소개서 내용을 바꿔줘'라고 명령하면 이대로 바꿔줄 수도 있다. 이와 같은 과정을 반복해서 글을 다듬을 수만 있다면 더 완전한 자기소개서가 될 수 있다.

직무기술서를 잘 들여다보면 채점표가 보인다

• • • •

    직무기술서는 해당 회사에서 중요하게 생각하는 역량을 기준으로 평가된다. 회사마다 업종이 다르고 문화가 다르고 채용하려는 직무가 다르고 중시하는 역량이 달라서 서류심사를 하는 기준은 다르다. 예를 들어, 문제해결능력이라는 역량을 파악하는 의도로 지원서 항목이 제시되었다면 그 역량을 근거로 어떤 행동을 보였는지를 채점자가 보고 가점을 주거나 감점을 할 수 있다.

조직이 원하는 역량과 연결해서 나를 드러내자

    인사담당자는 모집 요강에서 원하는 직무나 회사와 관련된 내용을 자기소개서에서 읽으면 좋은 인상을 줄 수밖에 없다. 특히, 입사한 다음 포부나 계획까지 작성할 수 있으면 더욱 좋다. 입사 후 계획이나 포부는 단순한 장밋빛 미래가 아니라 자기가 선택한 직무에 대한 계획을 말한다. 어떤 경력사원도 처음 입사하면 그곳에서는 신입사원이라는 점을 명심해야 한다. 경력이나 신입에 관계없이 이 항목은 앞에서 기술한 내용을 종합적으로 연결해 입사 후에 내가 어떤 성과를 달성할 수 있다는 자신감이나 열정을 보여주는 것이 좋다.

다만, 인재상을 적을 때 지나친 강조, 과장, 허위 작성은 결코 자신에게 도움이 되지 않는다. 차라리 경험이 부족하거나 원하지 못한 결과를 얻은 그 자체를 솔직하게 기술하는 편이 훨씬 낫다. 인사담당자 기준에서 직무에 적합하다는 인식이 뚜렷하고 자기 생각과 주장이 분명하고 입사 후 포부가 구체적으로 정리된 사람이 당연히 좋은 평가를 받는다. 이 항목은 앞에서 설명했던 '직무수행 태도'와 관련이 있다는 점에서 실현 가능한 다짐을 적는 것이 좋다.

이때 합격한 사람의 인재상이나 포부를 참고하는 것도 중요하지만 스스로 핵심역량이 무엇인지, 어떻게 역량을 키워서 조직에 기여할 수 있을지 계획을 적어야 한다. 그러한 계획을 인사담당자가 납득하고 예상할 수 있는 수준이라면 합격에 가까워진다. 앞에 항목과 다소 다르게 지원하는 시점에 지원하는 곳에 대한 면밀한 조사, 미래(내년 또는 내후년) 조직이 필요로 하리라고 예상되는 사항을 포함해서 적을 수도 있다. 조직 전체의 발전에 자신이 기여할 수 있다는 내용을 적는 것이 중요하다.

▎첫 문장에 핵심을 담자

자기소개서 전체 내용을 파악할 수 있는 헤드라인(headline)이 명확하다면 인사담당자가 '효율적'으로 읽을 수 있다. 인사담당자는 한 사람이 수백 장의 자기소개서를 정해진 시간 안에 읽어야 하므로 그 자체가 업무 부담이다. 특히, 채용 요건에 적합한 인재를 가려내려면 인사담당자 스스로 학습을 해야 하고 시행착오를 줄이는 방법을 고민한다.

인사담당자는 채용 업무만 담당하지 않고 조직에 필요한 다른 업무도 해야 하므로 많은 시간을 할애해서 자기소개서를 읽기가 쉽지 않다. 이에 읽는 사람은 효율성을 고려할 수밖에 없고 조직에서 필요로 하는 기준에 맞게 자기소개서를 고르려고 실수를 줄이고 상당히 노력한다. 조직 내에서 채용과 연관된 사람들이 모여서 방법과 기준 등을 논의해 채용 자체의 효율성을 높인다. 지원자가 인사담당자 입장에서 생각하면 쉽게 상황을 이해할 수 있다. 이러한 노력을 줄이는 방법으로 머지않아 인사담당자도 챗GPT를 활용해서 자기소개서를 검토할 수 있다.

자기소개서 질문마다 첫 문장은 전체 내용을 대표할 만한 표현으로 작성하는 것이 좋다. 하위 내용을 포괄하는 표현이나 읽는 사람이 관심을 가질 만한 문구로 작성하는 것이 자기소개서 통과에 큰 역할을 한다. 자기소개서는 인사담당자와 문서로 처음으로 만나는 것이다. 마찬가지로 첫 문장은 첫인상과 비슷한 효과가 있고 인사담당자가 끝까지 읽어 보고 싶다는 생각이 든다면 잘 작성되었다고 볼 수 있다. 인사담당자가 한 사람의 자기소개서를 읽는 시간은 매우 짧다. 첫 문장에서 관심을 끌지 못하면 그다음을 기대하기는 어렵다. 자기소개서는 자신이 지원하는 분야에 알맞은 내용에 초점을 두고 쉽게 써야 한다.

인사담당자가 읽고 싶은 부분이 자기소개서에 담겨 있는지, 모집 요강에 적합한 내용이 잘 표현되어 있는지 여러 차례 고민해야 한다. 단순히 자신의 경력이나 경험을 나열하고 있는지, 혼란스럽게 보여주는지, 추상적인 표현으로 적었는지를 점검해야 한다. 일반적인 자기소개서와 같이 제일 중요한 것은 얼마나 핵심을 잘 전달했는지다.

▎눈에 잘 읽히는 자기소개서 쓰는 요령

좋은 문장을 적는 여러 가지 원리가 있지만, 그것은 대체로 다음과 같다. 좋은 문장은 내용에 충실하다. 자기 경험을 열거한 것이 아니라 어떤 결과를 보여주거나 성공과 실패라는 의미가 있다. 이는 글쓰기의 정직성과 내용을 채울 수 있었던 성실성에서 비롯된다. 문장 자체를 길게 작성해서 혼란스러운 의미를 지니는지도 살펴야 하고 특수한 경험을 일반화하려고 하지 않았는지 검토해야 한다.

잘 쓴 자기소개서는 상세하고 진실하다는 의미다. 아무리 성과나 결과를 원한다고 하지만 언제나 좋은 결과나 성과를 얻을 수는 없다. 특히, 공공기관에서 하는 많은 업무는 더욱 그렇다. 미흡, 부족, 미달, 실패 등을 하더라도 그것을 잘 표현하고 극복하려고 노력했다는 의지를 보여준다면 훌륭한 자기소개서다. 읽는 사람도 그러한 내용에 공감한다면 다른 내용이 부족하더라도 충분히 면접 단계로 통과할 수 있다. 인사담당자가 자기소개서를 읽고 지원자가 경험해서 우러나온 내용이라고 판단하면 면접에서도 그것이 그대로 이어질 가능성이 높다. 어차피 조직 내외부의 면접관이나 인사담당자 모두 여러모로 경험이 풍부하고 해당 분야의 전문성이 높아서 공감의 폭도 비슷하다.

블라인드 자기소개서 Sample 1 – Task 형		
구조	행동 키워드	예시 답안
Situation 상황	비판적 사고	대학교 1학년 때 독습(讀習) 독서동아리에 가입하였습니다. 1주일에 한 번 토요일마다 만나서 주제를 토론하는데, 문제는 각각 개인 사정이 있다 보니 팀원들 상당수가 결석을 했습니다.
Task 과제	책임감	이런 분위기에서 남은 팀원들도 정신이 해이해진 것 같아서 재결집을 위해 저는 팀장과 해결책을 강구했습니다.
Action 행동	논리적 사고 창의적 사고	우선 동아리 모임 환경을 바꾸기로 했습니다. 기존에 진행했던 똑같은 공간이 질릴 것이므로, 매주 약속 장소를 학교 인근의 분위기 좋은 개인 카페나 음식점으로 변화를 주었습니다. 또 어느 정도 의무감을 주어야 하므로, 정당한 사유로 결석한 학생이 아니라면 벌금을 부과하는 방안을 내놓았습니다.
Result 결과	문제해결 경험을 통해 배운 교훈	여기에 진행방식을 다양하게 바꿨습니다. 토론 이외에 독서퀴즈나 책 주제 외에 사회에 관한 논의, 자신이 좋아하는 도서 추천 등을 통해 즐거운 모임이 되었습니다. 이러한 경험을 통해 제가 속한 팀이 위기에 처해 있어도 충분한 방법을 강구한다면 문제를 해결할 수 있다는 것을 배웠습니다.

가독성의 요소는 여러 가지다. 첫째, 안정감이다. 배열이 좋고 전후좌우 열이 흩어지지 않아야 한다. 둘째, 친근감이다. 쉽게 어떤 내용인지 예측할 수 있으며 상식으로부터 멀리 벗어나지 않아야 좋다. 셋째, 강조다. 잘 배열된 문장이 되려면 단락을 나누거나 소제목을 활용하면 된다. 넷째, 통일성이다. 글을 읽는 흐름을 방해하지 않도록 일관성을 갖도록 편집해야 한다. 몇 개의 단락으로 계층화하면 강조, 안정감을 동시에 확보할 수 있다.

가독성을 높이는 방법으로는 핵심 단어로 문장을 구성해 자신을 적절한 표현에 달려 있다고 해도 과언이 아니다. 한눈에 잘 보이도록 쓰면 좋다. 단락이나 문단을 구분하지 않고 쓰기보다 단락을 나눠서 명확하게 써야 한다. 글자 수가 부족한 경우 명사형 어미인 '~함'으로 종결해도 된다.

채용에서 구직자는 이력서와 자기소개서 작성에 과거보다 더 많은 주의를 기울여야 한다. 자기소개서는 자신이 만드는 것이지 다른 사람이 만드는 것이 아니다. 자기소개서를 체계적으로 작성하려면 급하게 작성하면 안 된다. 먼저 모집 요강에서 원하는 직무에 관련되는 경험, 경력, 자격을 꼼꼼하게 살펴야 한다. 당연히 처음부터 그것을 꼼꼼하게 기록하기는 어려운 일이다. 처음에는 시간이 걸리고 귀찮은 과정이지만 어느 정도 기록한 내용이 많아지면 이력서와 자기소개서에서 무엇을 더 강조할지, 어떤 형태로 연결할지 등을 더 고민한다. 자신의 장단점, 성격, 성장 배경, 자신에게 영향을 주었던 사건이나 계기 등은 미리 작성하면 나중에 시간을 많이 단축할 수 있다. 이와 같은 글쓰기는 챗GPT를 평소에 활용해서 준비한다면 시간이나 노력을 획기적으로 줄일 수 있고 마감 시간에 쫓겨서 급하게 글을 쓰지 않아도 된다.

퇴고는 모든 글에서 더 강조할 필요가 없을 정도로 중요하다. 자기소개서 작성 자체도 충분한 시간을 가지면 좋지만, 퇴고도 여유를 갖고 하면 수정할 부분을 더 잘 발견할 수 있다. 자기소개서를 모두 작성하면 전체적으로 잘 정돈되었는지를 살펴보고 여러 번 맞춤법과 오탈자를 확인한다. 문장이 문법적으로 정확한지, 번역 어투처럼 작성되지는 않았는지, 한 문장이 길어서 여러 번 읽게 하는지 등을 확인한다. 맞춤법이 엉망이면 안 된다. 자주 쓰는 낱말이 틀리면 지원자의 기본적인 자질을 의심받는다. 띄어쓰기도 잘못 사용하면 이해하는 데 어려움을 준다는 점에서 인사담당자는 불편함을 느낀다.

블라인드 자기소개서 Sample 2 - Target 형

구조	행동 키워드	예시 답안
Situation 상황	업무와 관련된 문제를 인식	제가 일했던 물류창고의 경우 상품 입고에서는 문제가 없었지만 출하에 문제가 있었습니다. 한 차량에 200개의 박스를 적재하는 정해진 방법이 있었는데 그 방법대로 적재하다 보면 중간에 틈이 생겨 상당히 비효율적이라는 생각이 들었습니다.
Target 목표	사고력	하루 평균 3대의 차량에 적재를 하고, 차량운송료가 1회 평균 200,000원이라는 점을 고려한다면, 열흘마다 한 대의 운송비용을 줄이는 목표를 세웠습니다.
Action 행동	문제처리 능력	차량 적재 공간 크기, 박스 크기를 실측해 가장 효율적인 적재방법을 계산했고 출하 업무 때 계산이 맞는지 실제 확인 작업을 했습니다.
Result 결과	문제해결 능력	그 결과 200개 박스를 실어 이전 방법보다 5개를 더 실을 수 있게 되었습니다. 박스 적재방식을 바꿔 비용을 대폭 줄였습니다.

직무기술서 작성의 원칙, 적합성과 역량기반

첫 번째는 많은 스펙의 나열이 아닌 '적합성'에 초점을 두고 작성해야 한다. 내가 자랑하고 싶은 모든 것을 나열하기보다는 특정한 그 기업, 그 직무에 적합한 경험을 중심으로 작성하고 희망 기업과 직군 요구분

석에 기초하여 역량지원서를 쓴다.

두 번째는 '역량기반'으로 작성해야 한다. 역량은 구체적인 행동과 경험으로 나타난다. 역량을 기술할 때는 막연히 그렇게 생각한다는 식이 아니라, 내가 구체적으로 이런 행동을 했다는 점이 드러나야 한다.

- 1단계: 희망 기관과 직군의 요구역량을 명확히 파악해야 한다.
- 2단계: 역량을 증명할 수 있는 증거를 확보해야 한다.
- 3단계: 질문에 맞게 작성해야 한다.

기업에 따라, 직군에 따라 요구하는 역량이 다르다. 어떤 기업에서는 장점으로 인정받을 수 있는 역량이 다른 기업에서는 오히려 불필요하다. '적합성'을 높일 수 있도록 사전 탐색이 반드시 필요하다. 기업이나 직군에 따라서 미래지향적이고 혁신을 지향하는 곳이 있고, 현재에 충실하며 안정적 운영관리를 지향하는 곳이 있다. 사람 지향적인 기업이나 직군이 있는 한편, 상대적으로 업무 지향적인 곳이 있다. 윤리의식, 기본적인 수리능력, 정보기술 활용능력, 자기계발 영역은 모든 구성원에게 필요한 영역이다. 그렇지만 목표 성취, 창의 도전, 성실 책임, 친화 관계 지향인지 여부를 큰 기준으로 삼는다.

▎상황-행동-결과를 구체적으로 설명해야 한다

다양한 경력을 갖고 있더라도 정작 핵심은 모집 직종과 관련된 경력과 한정된 것이어야 한다. 따라서 단순한 나열이 아니라 직무 관련성 위주로 자세히 기술해야 한다. 자신이 했던 경험과 경력을 최대한 상세하게 적고 그러한 내용을 바탕으로 공고된 분야의 일을 할 수 있다는 점을 기술해야 한다. 이 항목은 이력서의 '직무 관련 주요 내용'에 관한 자세한 설명을 적는 것이 핵심이다.

구체적으로 작성하려면 한순간에 할 수가 없고 그것을 갑자기 잘된 문장으로 쓰기는 더욱 어렵다. 평소 경험을 잘 정리하는 습관이 조금씩 쌓이면 앞으로 경력 선택, 개발, 관리에서 매우 유리하다. 구체적 상황-구체적 행동-구체적으로 나타난 결과를 논리적으로 기술해야 한다. 그 결과는 수치(몇 회, 몇 번, 만 원, 퍼센트, 인원 등)로 나타낸다면 인사담당자가 더 쉽게 내용을 알 수 있다.

'자기 생각이나 의견을 상대방에게 성공적으로 설득했던 경험'이라는 표현보다 '상황·행동·결과 중심으로 구체적으로 기술'하라는 부분에 초점을 두고 써야 한다. 설득했던 경험이 아니더라도 상황, 행동, 결과로 나타낼 수 있는 다른 경험도 많다. 결국 상대방에 대한 설득도 서로 같이 있었기 때문에 일어나는 것이다. 같이 활동하면 상황이 생기고 행동은 자연스럽게 일어나며 결과도 나타나기 마련이다. 자기소개서를 일단 쓰고 '상황, 행동, 결과'로 나눠 달라고 챗GPT에게 요청하면 적절한 힌트를 얻을 수 있다. 이러한 과정을 반복하면 문장도 매끄럽게 다듬을 수 있다.

주어진 업무를 단순히 수행하기보다 문제를 인식하고 비판적인 사고를 발휘한 경험이다.

블라인드 자기소개서 Sample 3 - Trouble 형

구조	행동 키워드	예시 답안
Situation 상황	대인관계능력	대학교 4학년 때 OO백화점에서 OOO 입장권 판매 아르바이트를 통해 영업 활동을 경험했습니다. 6월부터 8월까지 3개월 동안 백화점 서비스교육을 통해 기본 고객 응대 방법을 터득하고 현재 종사하고 계신 영업사원들의 조언을 들으며 영업을 시작하게 되었습니다.
Target 목표	고객응대력	입장권 판매는 단독부스로 이루어져 영업, 계산, 매출 관리를 저 혼자서 해야 했습니다. 판매 전략 이외에도 배워야 할 업무 지식이 많았고 영업 활동에 필요한 연령대, 방문 시간 등의 데이터를 없이 영업 활동을 해야 해서 많은 어려움을 겪었습니다.
Action 행동	고객 컴플레인 위기대처능력 영업스킬	하지만 영업 사원에게 수시로 고객 컴플레인 대처 방법, 궁금한 점, 비법을 듣고 배우며 3개월 동안 아르바이트를 마칠 수 있었습니다.
Result 결과	문제해결능력	저는 영업 활동에 필요한 매출 정리, 외부적 요소를 반영한 영업 데이터 없이 영업 활동을 하면 안 된다는 것을 깨달았습니다. 자신만의 영업 전략 없이 단순하게 상품을 판매하는 데만 그치게 되어 장기적인 이윤 극대화를 실현하기가 힘들다는 것을 경험했습니다.

중복된 내용이 없도록 쓰면서 이력서에 적었던 내용이 잘 이어지도록 자기소개서를 적어야 한다. 우선 이력서에 적은 내용을 활용해 자기소개서에서 내용을 전개해야 한다. 이력서와 자기소개서의 통일성을 맞추고 자기소개서를 바탕으로 자신이 직무에 적합한 사람이라는 점을 면접에서 보여주어야 한다. 대체로 기업은 직무에 적합한 사람을 채용하려고 모집 공고하므로 이력서-자기소개서-면접이 일치하도록 주의를 기울여야 하고 불필요하거나 관련이 없는 내용은 애초에 포함할 필요가

없다. 자신이 상대방에게 설득하거나 같이 했던 활동이 많아도 이력서와 연결되어야 쓸 수 있다.

채용담당자가 이력서와 자기소개서에서 기대하는 수준과 실제 접수되는 이력서와 자기소개서의 내용의 차이가 좁혀질수록 합격할 가능성이 있다. 어떤 활동을 해왔는지 적는 것이 이력서며 단순히 활동만이 중요한 것이 아니라 그것을 하면서 어떤 성과를 드러냈는지가 더 중요하다. 인사담당자가 혼란스럽거나 이해하기 어려운 사항이 나오지 않도록 명확하게 경력과 경험을 바탕으로 나타난 결과를 적어야 한다. 비록 그 결과가 눈에 띌 정도로 긍정적이지 않더라도 그것을 기술하고 하지 않고 차이는 매우 크다. 누구나 높은 성과를 달성할 수 있으면 좋겠지만 그렇지 않기에 조금이라도 나아졌다는 모습을 제시하면 된다.

▎삶의 어려움 극복은 구체적이고 솔직해야 한다

삶의 어려움 극복에 관한 항목도 다른 사람의 말을 인용하지 말고 자기 생각과 경험을 담아야 한다. 블라인드 채용은 직무 적합성이 중요하므로 누구나 흔히 쓰는 진부한 표현을 피하는 것이 좋다. 삶의 어려움은 모두 달라서 일반화할 수 없지만, '5년' 내라는 단서에서 자신을 돌이켜봐야 한다. 고등학교 졸업을 기준으로 대학을 졸업할 때까지 걸리는 시간을 5년으로 보면 비교적 범위를 좁힐 수 있다. 입대와 제대, 휴학과 복학 등을 고려하면 고등학교를 졸업부터 지원하는 시점까지로 볼 수 있다. 삶의 어려움이 없었던 사람도 있겠지만 대체로 외적으로나 내적으로 어려움을 경험한 사람이 더 많다는 점에서 그것을 직무와 어떻게 연결할지 고민해야 한다.

예를 들어, 자격증을 취득하기까지 힘들었던 과정을 극복했던 노력, 교육 훈련을 이수할 때 겪었던 실제적인 어려움, 경험이나 경력을 쌓으면서 생겼던 상황 등을 고려하는 것이 좋다. 앞에 적었던 항목이었던 지원 직무와 역량, 상황-행동-결과와 맥락이 같을 수도 있다. 취업 준비에 겪은 어려움을 극복 또는 돌파한 내용은 직무를 달성하는 데 필요한 요소일 수도 있다.

이러한 문항과 비슷한 것이 '자신의 경험에 영향을 주었던 사건 제시, 감명 깊게 읽은 책이나 들었던 강연, 자신의 인생에 영향을 미친 인물 등'을 소개하는 글쓰기인데 읽는 사람이 납득할 수 있는 수준으로 정리해야 한다. 삶의 어려움을 극복하는 데 수치화해서 표현하기 어려운 부분은 직관적으로 내용을 읽었을 때 연상 또는 이해할 수 있도록 글을 써야 좋다. 그러한 내용을 정리하다가 수치화해서 설명할 수 있다면 그렇게 정리하는 편이 가독성을 높이는 데 도움이 된다.

어려움을 극복하는 과정에서 직무와 관련된 자신의 장점을 드러내면 좋다. 과장이나 자랑을 쓰라는 것이 아니라 솔직하게 작성해야 한다. 자신의 단점으로 어려움이 생겼다면 '단점'이 발생해서 겪었던 사건이나 상황, 그것을 고치려는 자신의 노력이 명확하게 드러나야 한다. 인사담당자는 단점이 많은 사람보다 장점을 많이 지닌 사람을 선호하지만, 누구나 단점은 가지고 있으므로 그것을 잘 표현하고 어떤 형태로 고치려고 했는지 기술하는 데 초점을 맞추어야 한다. 단점을 고치는 것과 어려움을 극복하는 것 모두 솔직하면서도 설득력 있는 내용으로 꾸며야 한다.

　경험에서 실패했거나 노력한 만큼 성과가 드러나지 않은 사항도 입사 전후에 쓸모 있는 경험이 되기 때문에 솔직하게 기술할 필요가 있다. 원하는 대로 결과가 나타나지 않은 자신만의 이유, 환경적 원인, 다른 사람과 갈등이나 문제 발생 등을 자기소개서에 기술하는 것은 읽는 사람이 이해하기 더 좋다. 앞선 내용과 마찬가지로 '어떤 상황'이 발생해서 어려움을 겪는 것이기에 생각의 흐름이 자연스럽게 이어질 수 있도록 내용을 작성하는 것이 중요하다.

　기본적으로 자기소개서 작성은 직업에 관련된 자신의 삶을 되돌아본다는 차원에서 중요하다. 삶을 돌이켜보는 근거이므로 그 작성 자체가 꼼꼼해야 하는데 많은 사람이 이를 귀찮게 여기고 있다. 특히, 성장 배경이나 학창 시절을 적을 때나 삶에 영향을 주었던 계기를 찾아야 할 때 그러한 귀찮음은 더해진다. 그렇지만 꼼꼼하게 자신을 살펴봐야 적합한 직무를 찾는 데 도움이 되고 '잘할 수 없는 직무'가 무엇인지 가려내는 데 유리하다.

　채용 요건에 맞는 사람끼리 모여서 경쟁하기에 그러한 요건에 안 맞는 사람은 경험이 풍부해도 합격하기가 쉽지 않다. 삶의 어려움과 극복했던 경험을 적는 것은 성장 배경이나 학창 시절을 기술하는 것과 난이도가 같다. 평소에 자기 경험 등을 정리하지 않으면 막상 떠오르지 않는다. 그런데 정리했더라도 직무와 연결하지 못하면 합격하는 자기소개서가 되기가 쉽지 않다.

삶의 어려움과 극복했던 경험을 작성할 때 흔히 부담을 가지는 경우는 극적으로 꾸미려고 한다는 점이다. 또는 과도한 창의성을 발휘하려고 하다 보면 작위적인 느낌이 든다. 개성 있는 이력서나 자기소개서 양식을 원하는 직종이라면 이와 다르겠지만 사무직 등의 직종에서는 지어낸 듯한, 억지로 적은 느낌이 들지 않도록 해야 한다. 사람마다 경험의 폭이 다양하면서도 공감하는 부분은 공통된 부분이 많다. 읽는 사람이 자연스럽게 이해할 수 있을 정도로 여러 차례 챗GPT의 도움을 받아 고칠 각오로 해야 한다. 만약 외국계 기업에 지원하는 경우라면 챗GPT에게 더 도움을 받을 수 있다.

▎직무수행과 문제해결 사례를 꼼꼼하게 적어라

단순히 경험이나 경력을 나열하면 효과적으로 자신을 알릴 수 없다. 예를 들면, 지금까지 경험이나 경력을 빈칸에 있는 그대로 적는 것이 아니라 경험이나 경력에서 읽는 사람이 원하는 핵심을 다시 간추려 적거나 공통점을 먼저 밝힌다면 의미가 있다.

경력과 경험이 많은 것은 자신에게는 좋지만 단순한 나열은 오히려 인사담당자에게 혼란을 준다. 의외로 자기 경쟁력이 무엇인지 명확하게 인식하지 못하는 구직자가 많다. 이 항목은 구체적인 직무수행 사례를 두고 세밀하게 문제를 해결하는 과정을 적으면 좋다. 여러 가지 사례를 병렬적으로 전개하기보다 한 가지 사례를 꼼꼼하게 적는 것이 수월하다. 이력서에 기재된 자격증, 경험, 경력, 교육, 훈련 사항을 활용해서 문제를 해결했다고 하면 좋다.

자기소개서는 사실적이면서 구체적인 내용이 뒷받침되면 합격할 수 있다. 막연하거나 추상적인 내용보다 모집 요강에 나타난 분야나 특성에 경험을 연결해 자기소개서 지원동기와 직무 관련성을 밝혀야 한다. 공공기관이나 기업 모두 작은 문제부터 큰 문제까지 해결할 것이 많은데 지원자의 역량으로 문제를 해결하기는 바란다는 측면에서 다른 항목보다도 구체적이고 이해할 수 있는 문장으로 작성해야 한다.

문제 해결 사항은 뚜렷한 목표 의식과 연결된다. 그것이 없으면 지원한 곳에 대한 준비가 덜 되었다는 인상을 주기 쉽다. 자신이 이곳에 지원하는 데 무엇을 했으며 어떤 결과를 얻었기 때문이라는 내용이 잘 갖추어지면 목표 의식을 명확히 할 수 있다. 목표가 분명해야 문제를 해결할 가능성도 커지므로 이 항목은 합격 이후에 지원자의 행동을 예견하는 데 의미가 있다.

직무에 적합한 자신의 모든 활동을 적었는지 스스로 살펴보고 면접 기회를 얻을 수 있도록 자신의 강점을 객관적으로 기술해야 한다. 인사담당자가 자기소개서를 읽어보고 객관성이 확보되었다고 판단하면 면접에서 그것을 확인하려고 질문할 것이다. 직무에 적합한 자기소개서를 작성하다 보면 자칫 뻔한 내용으로 쓰기가 쉽다. 너무 틀에 박힌 표현이나 형식을 고수하거나 지나치게 경험이나 경력을 과시해서 문제를 해결했다는 형태로 적고 싶은 욕심이 있을 수도 있다. 그렇지만 자기소개서는 창작력이 돋보여야 하는 소설이나 수필은 아니다. 인사담당자가 내용을 직무와 연결된 문제 해결 사례를 쉽게 이해하도록 내용과 형식을 고민하고 수정해야 한다.

자기소개서에 쓰면 안 되는 것들

| 억지가 아닌 자연스럽게 작성하라

AI 채용은 본인이 어느 부서나 직무에서 무슨 일을 하고 싶은지 상상하면서 대비하면 더 좋다. 처음부터 자신의 성격과 직무의 연관성을 파악하려고 끊임없이 노력해야 한다. 기업을 선정하는 기준이 광범위하면 합격하기가 어렵다. 자신이 원하는 직무를 결정했으면 그 범위 안에 있는 기관이나 회사를 찾아야 한다. 지원 희망 목록을 만들고 꾸준히 관심을 가져야 한다.

가장 쉬운 방법은 바로 주기적으로 홈페이지에 나타난 정보와 언론 보도 내용을 수집하는 것이다. 블로그를 비롯한 스마트폰에 수집 기능이 매우 잘 갖추어져 있으므로 평소에 모으면 좋다. 챗GPT가 생성해주는 자기소개서 내용을 무작정 신뢰하지 말고 자료로써 참고하고 반복해서 고치는 수고로움을 겪어야 한다.

자기소개서에서 피해야 할 금지 표현 15가지

1. 저는 ○○ 대학을 수석 졸업한~ (블라인드 채용에서는 안하무인 같은 표현)
2. 엄격한 부모님 슬하에서 지냈기 때문에~ (아직도 부모님 그늘에서 벗어나지 못한 표현)
3. 저는 1남 1녀의 차남으로 태어나~ (너무 식상한 표현)
4. 급한 성격으로 일처리가 빠른~ (합리적이지 못한 충동적 표현)
5. 타고난 행운아~ (노력보다 행운에 기대는 표현)
6. 완벽주의 스타일로~ (융통성 없고 고지식한 표현)
7. 성실하고 책임감 있는 사람 (우유부단한 표현)
8. 법 없이도 살 수 있는 착한 사람 (딱히 다른 내세울 것이 없는 표현)
9. 솔직히 말씀드리면~ (그동안에는 거짓말을 했다는 표현)
10. 비록 지금은 부족하지만~ (부족한 사람으로 찍힐 수 있는 표현)
11. 저를 뽑아만 주신다면 ~ 어떤 일이든 잘할 수 있습니다. (너무 없어보이는 표현)
12. 저는 어떤 일이든 매우 굉장히 열심히~ (과장된 표현)
13. ~라고 생각합니다. (두리뭉실한 표현)
14. 그 분야에서 전문가가 되기를 기대합니다. (구체적인 미래설계가 되지 않은 표현)
15. 초일류기업에서 최고의 인재로 성장하겠습니다. (진부하게 느껴지는 표현)

위에서 제시된 피해야 할 단어를 조심해서 작성해야 한다. 단순히 표현을 잘 쓰겠다는 생각을 버리고, 특정 업무가 자신의 역량에 어떻게 부합되는지를 써야 한다. 최선을 다하겠다는 표현보다 최선의 결과를 위해서 구체적으로 어떤 성과를 낼 수 있는지 나타내도록 작성한다.

| 자기분석이 잘되면 능력을 발휘하기 쉽다

직무와 적성에 맞는 자신을 발견했을 때 능력을 발휘하기가 당연히 쉽다. 그래야 조직에서도 채용한 사람을 활용해 생산성을 높일 수가 있고 입사한 개인도 적응하는 데 시행착오를 줄일 수 있다. 직무 중심 채용 전략은 자신의 강점, 장점, 경험, 경력 등으로 지원 분야에 대한 역량을 키워서 지원하는 것이다. 자신이 지원하는 곳에서 어떤 일을 맡아서 하는지 모르는 경우가 많은데 블라인드 채용은 그러한 불확실성을 다소 낮춘다는 점에서 의미가 있다. 채용공고에 나타난 조건을 살펴서 다음 기회, 다음 연도 채용에서 기회를 잡는 형태로 전략을 세울 수 있다. 수많은 스펙을 어떻게 쌓을지 고민하기보다 채용 조건을 살펴서 차근차근 준비하는 것이 심리적 불안을 줄이는 데 도움이 된다.

어떤 직무에서 뛰어난 성과를 발휘하도록 만드는 개인의 특징을 정리한 것을 역량이라고 할 수 있다. 일반 채용에서는 구직자가 스스로 고민해서 초점을 맞추어야 했기에 어떤 것을 준비해야 좋을지 모르는 경우가 많았다. 그런데 블라인드 채용은 미리 채용 조건과 직무에 적합한 역량이 어떤지 알려주므로 복잡하게 이것저것 준비하는 부담을 줄일 수가 있다. 다시 말해서, 내가 맞춤형 자기소개서를 작성한다기보다 '이미 맞추어진 자기소개서의 빈칸 채우기'라고 이해해도 크게 틀림이 없다.

어떤 일을 하든지 인성과 적성은 직업 선택의 중요 기준이다. 자신의 직무를 대략 찾아보는 각종 서비스를 온라인과 오프라인, 교육기관 내외에서 수시로 점검하면 좋다. 자기소개서를 작성하는 연령층은 대체로 자신이 희망하는 직업이나 직종이 달라질 때가 많고 수시로 자신을 살펴보는 것 자체가 훌륭한 경험이다. 그러한 경험이 때로는 자기소개서 작성에 활용할 여지도 있다. 일반적으로 사람들이 겪어보는 적성 결과나 직업 능력 관련 검사 결과는 '증빙'할 수 있고 어느 정도 신뢰성을 확보한다는 점에서 그 자체가 하나의 자료다.

학교를 졸업하고 다른 직장에 다녔던 사람이라면 그때 일했던 경험, 성과, 지식을 자기소개서에 적어야 한다. 채용공고에 적합한 내용을 골라야 하며 채용공고와 관련성이 없다면 합격할 가능성은 떨어진다. 다만, 자신이 했던 여러 가지 업무 가운데 채용공고에서 원하는 내용과 일치하는 부분이 있다면 그것을 돋보이게 기술해야 블라인드 채용의 원래 취지에서 벗어나지 않는다. 다채로운 경력이나 경험을 했던 사람이라면 채용 조건에 원하는 부분을 뽑아서 그 내용을 어떤 형태로 부각할지 고민해야 한다. 예를 들어, 부각한 내용에 맞추어 다른 경험까지 자연스럽게 설명할 수 있다면 면접에서 유리하다.

인터넷에 떠도는 합격자기소개서, 표절검사 카피킬러를 활용하라

요즘 기업이나 기관에서는 채용 서류 분석을 꼼꼼하고도 체계적으로 살펴보고 있다. 서류 심사자의 인지 편향과 편견에 의해서 당락이 결정되는 문제를 고민하다 보니 AI 기술로 직무명세와 자기소개서를 대조해서 요구직무에 적합한 인재를 뽑아내고 있다. 인공지능을 활용한 서류심사는 취업 청탁이 통하지 않는 채용 과정 구축 지원에 일조한다.

카피킬러 사이트

예를 들어 10만 개 자기소개서를 모두 읽고, 합격/불합격을 예측하는 데 필요한 시간은 4시간이다. 요즘 인사담당자는 서류전형 인공지능에게 맡겨놓고 정시퇴근한다. 지원자의 자기소개서 간 비교검사뿐만 아니라 50억 건이나 되는 빅데이터를 대상으로 비교 검사해서 인터넷에 떠도는 합격 자기소개서를 표절하는 지원자, 상투적인 글쓰기를 하는 지원자, 성의 없는 지원자를 걸러내고 독창적인 인재를 찾아내고 있다. 또는 표절 검사 솔루션 카피킬러(http://hr.copykiller.com)를 통해 스펙에서 벗어나 지원자의 직무 적합성 평가를 효과적으로 수행하고 있다.

따라서 이제 합격 자기소개서를 보고 베낀 사람들은 떨어진다고 보면 맞다. 합격 자기소개서는 단지 참고만 해야지 그것을 카피해서는 불합격된다는 사실을 명심하자. 요즘은 맞춤법 검사도 중요하지만, 서류전형에서 불합격 판정을 받을까 불안해서 미리 자기소개서 유사도를 검사해보는 경우가 늘었다. '표절 의심'으로 분류된 자기소개서가 무조건 다 '불합격' 처리가 되는 것은 아니지만, 안전하게 합격하기 위해 서류 접수 전 유사도 검사를 해보면 자기소개서가 의심받을 일이 크게 줄어든다.

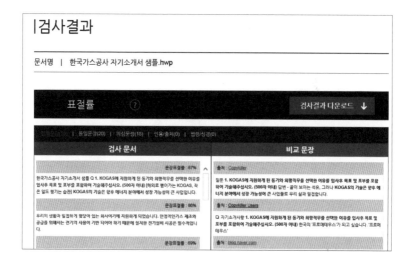

Open AI
-Chat-GPT-

4장

챗GPT로 면접을
시뮬레이션해보기

면접의 목적

· · · · ·

채용은 역량을 기반에 두고 자세한 직무기술서(job descriptions)를 지원자에게 제공해 직무 적합성이 높은 인재를 채용하도록 유도하고 전체 채용 과정을 직무 중심 평가로 선발하는 제도다. 채용공고에 구체적인 직무기술서를 같이 제공해 지원자는 학력, 연령 등의 조건에 제한 없이 지원할 수 있다. 서류전형은 직무 관련 교육·훈련 과정, 자격증, 자기소개서 중심으로 평가한다. 이를 바탕으로 구조화된 면접을 진행한다. 면접 전형에도 실무 면접에서는 직무적합도(Job Fit)를 다룬다면, 임원 면접에서는 조직적합도(Organization Fit)를 다룬다.

자기소개서와 마찬가지로 면접에서 챗GPT는 면접 예상 질문을 뽑아주거나 면접 요령 등을 어느 정도 알려준다. 만약 지원하는 기업 정보와 자기소개서를 적절하게 물어본다면 그에 더 적합한 답변도 얻을 수 있다. 즉, 조직에 적합하도록 면접을 준비하는 데 챗GPT를 이용할 수 있다. 채용공고별 예상 질문을 뽑아주고, 면접 답변을 입력하면 상세한 피드백도 제공한다. 면접 코칭은 채용공고에 맞춘 예상 면접 질문을 생성하고, 답변을 입력하면 구체적인 피드백을 제공한다. 이를 통해 구직자는 이른바 '면접 과외' 같은 취업 사교육 없이도 충분히 면접을 준비할 수 있다. 피드백에 따라 답변을 수정하는 과정을 통해 모의 면접을 반복하는 셈이다.

▎부적격자를 채용하는 실수를 줄이고 싶어 한다

인재 채용이 매우 중요하며 잘 다듬어진 지원자보다 잠재력과 가능성을 지닌 사람을 찾는 것이 더 중요하다는 인식을 확산해야 한다. 스펙보다 조직의 핵심가치, 조직문화에 적합한 인력을 선발하는 것이 지원자와 조직 모두에게 유리하다. 부적격자 선발을 예방하고 좋은 인재가 탈락하는 것을 방지하는 것이다.

지원자가 부정적 태도를 갖고 에너지가 적다면 당연히 면접에서 떨어질 것이다. 부정적 태도와 긍정적인 에너지를 동시에 갖고 있다면 냉소자로 다른 구성원들에게 좋지 않은 영향이 있을 수 있다. 반면 긍정적인 태도여도 에너지가 적으면 방관자로 직접 뛰어들지 않고 불구경만 할 수 있다. 긍정적 태도가 있고, 에너지가 높으면 핵심 인재다.

채용은 적합한 인재를 뽑기 위한 체계적 선발 시스템으로 정확한 역량 선정, 그 역량을 바탕으로 잘 구별할 수 있는 선별도구 개발, 선별도구를 잘 운영할 수 있는 인재 양성이 중요하다. 이미 일부 대기업에서는 지원서에 기본적 인적 사항만 기재하고 면접에서 어학 점수 등을 묻지 못하도록 하거나 토론 면접 등으로 직무능력을 검증하고 있다. 직무능력과 이해도, 논리력, 성실성, 직무적합도, 아이디어 제시 면접 등을 하고 있다. 지원자들은 면접에 대한 대비가 필요하다. 특히, 토론 면접 질문도 챗GPT에게 물어보면 어느 정도 도움을 받을 수 있다.

▎최고의 인재보다 최적의 인재를 뽑으려고 한다

최고의 인재를 선발하는 것이 중요한 시기가 있었지만, 직무 적합성을 중시하는 블라인드 채용은 최적의 인재가 더 중요하다. 최고의 인재를 선발해도 조기 퇴사하는 일이 자주 발생하면서 조직 업무에 잘 맞는 사람이 더 중요하다는 인식이 생겼다. 이에 지원자가 회사에 입사하고도 조직의 중점 사업을 주도할 수 있는 역량이 있는지에 관심이 있다. 특히, 공공기관은 직업윤리에 대해 잘 알고 있거나 지키려고 하는 사람을 더 선호한다. 역량이 갖추어진 사람이 조직에서 전문성을 발휘할 가능성이 높다.

면접관의 입장에서 면접하라

· · · · ·

면접은 지원자에게 자신이 적합하다는 것을 보여줄 기회를 제공하고 면접관은 인재상 평가에 필요한 정보를 제공하는 것이다. 지원자와 면접관은 상호작용한다는 점에서 지원자가 당당하게 자신을 드러내면 면접관도 좋은 평가를 유도할 수 있다.

면접관의 반응을 읽어라.

면접관이 질문할 때 억양, 표정, 성량 등을 살펴보면 질문의 의도를 파악하는 데 당연히 도움이 된다. 잘 이해하지 못해서 묻는 것인지, 명확히 더 알고 싶어서 묻는지 등을 포함해 호의적인지 그렇지 않은지를 느낄 수 있다. 그렇지만 어떤 질문을 받더라도 침착함을 끝까지 유지해야 하며 그렇게 계속 유지할 수 있는 비결은 직무 적합성에 관한 모의 질문과 답변을 챗GPT를 사용해서 꾸준하게 연습하면 효율적이다.

✔️ 면접관을 사로잡는 3가지: 자존감, 열정, 안정감

면접관은 수많은 사람을 인터뷰(interview)한다. 눈 깜짝할 사이에 면접 대상자를 어느 정도 파악한다. 서류전형을 통해 뽑은 사람이지만, 단순히 그 사람이 쓴 페이퍼를 전적으로 신뢰하지 않는다. 무엇보다 면접관 앞에 선 면접 대상자의 자세를 중요시한다. 그 사람들에게 주목받기 위해서는 인식 전환이 필요하다. 오히려 방어 자세는 전체적인 면접 분위기를 깨뜨릴 수 있다. 내가 면접을 당하는 것이 아니라 면접을 주도해야 한다. 그럼에도 불구하고 실제로는 인사담당자의 무게에 압도당하는 것이 사실이다.

면접관 정보를 파악하는 과정에서 중요한 것은 시각과 청각, 촉각 등이다. 단순히 면접관의 인상만 보는 것이 아니라 주의 깊게 행동을 관찰해 어떤 유형인지 아는 것만으로도 좋다. 면접관 유형을 파악하여 그 사람이 어떤 인식을 하고 있는가를 그려보는 것이 중요하다. 면접관 질문을 귀담아들어 의도를 파악하여 면접관에게 문제해결 방법이 그려지도록 이해시켜야 한다. 그냥 듣는 것이 아니라 귀담아 경청하는 것이 중요하다. 면접 후에도 끝났다고 안도하기 전에 그냥 스쳐 지나는 촉각 단계가 아닌, 스킨십을 통해 관계를 돈독히 해야 한다. 예를 들면 간단한 감사의 말이든지, 감사의 이메일도 좋다.

이제 인사담당자를 사로잡는 면접의 3가지 법칙을 알아보자.

첫째, 자존감(自尊感)을 키워라. 자신이 겪은 이야기를 섞어서 이야기하자. 그것만큼 사존감을 높이는 것은 없다. 면접에서 실패하는 사람들에게 물어보면 대부분 긴장했다거나 자신감이 부족해서 떨어졌다는 말을 많이 한다. 대부분 자신이 하고픈 말도 다 하지 못했다고 분통을 터트리는 경우가 많다. 이는 면접을 너무 어렵게 생각했기 때문에 비롯된 것이다. 자신이 진실할 때 더욱더 진정성을 확보할 수 있다. 진솔한 느낌을 전달할 수 있도록 자신의 이야기를 섞는 것은 중요하다. 점점 엄격해지는 현대 기업의 인력 시스템에서 자존감과 진정성은 매우 중요한 덕목이 될 것이다. 자존감이 낮거나 그렇게 보이는 사람을 굳이 채용할 이유가 없다.

둘째, 열정을 터뜨려라. 면접장에서 가만히 있는 것은 절대로 중간을 가지 않는다. 면접은 자기 경쟁력을 직접 보여주는 장이다. 자신의 인생을 다 이야기할 수는 없다. 면접관이 자신의 답변에 몰입하도록 분위기를 조성해야 한다. 질문의 요지를 파악하고 우선 예/아니오라고 결론을 먼저 이야기해야 한다. 지나치게 많이 자신의 장점만을 부각하는 것은 오히려 인사담당자를 혼란스럽게 한다. 의외로 자신만의 경쟁력이 무엇인지 명확하게 인식하지 못하는 구직자가 많다. 전체적으로 핵심에 접근한 이야기를 하는 사람이 좋은 인상을 남길 수 있다는 사실을 기억하자. 면접하는 동안 열정을 깨워서 터뜨려보자.

셋째, 안정감(安定感)을 가져라. 편안하게 그 자체로 자리 잡는 신뢰성을 주어야 한다. 평소 모습을 그대로 보여준다는 편안한 마음이 제일 중요하다. 면접에서 간혹 아예 모르는 용어가 나와 당황하는 구직자를 심심치 않게 본다. 신뢰감을 떨어뜨리는 것보다 솔직하게 모르겠다고 하고, 다음 질문을 대비하는 것이 훨씬 좋을 것이다. 보지 않는 곳에서 더욱더 주의해야 한다. 자신의 면접 차례가 되지 않았더라도 면접 대기시간도 지켜보고 있는 눈이 있기 마련이다. 소란스럽게 면접 대기 장소에서 잡담은 금물이다. 면접에 대비해 준비해온 노트를 읽거나 눈을 감고 마음의 정리를 하는 것도 좋다. 시종일관 차분한 태도로 면접에 임하는 자세가 무엇보다 중요하다. 이제 자신을 표현하지 않으면 무엇이든 힘들게 될 것이다. 자신을 효과적으로 표현하는 방법, 자기소개서를 바탕으로 면접 때 어떤 말을 하면 좋을지 챗GPT에게 물어볼 수 있다.

▎면접 준비는 시간이 걸린다

보통 지원자들은 면접 기법을 제대로 배운 적도 없고, 반복해서 연습한 적도 별로 없다. 인터넷에서 찾은 좋은 답변을 달달 외워서 면접을 보니 결국 탈락하고 만다. 면접관 경험이 어느 정도 있다면, 지원자가 자신의 이야기를 하는지 외운 것을 나열하는지 구분할 수 있다. 외운 내용은 답변 도중 틀렸을 때 다시 처음으로 돌아가는 경우가 있어 티가 난다. 절대로 남의 답변을 외우지 마라. 차라리 시간을 여유 있게 두고 자기소개서를 작성하면서 면접 준비하고 챗GPT를 수시로 활용하자.

블라인드 면접은 익히는 데 시간이 걸리며 직무 적합성을 중시하므로 어느 정도 경험이나 경력이 쌓이지 않으면 면접 준비가 쉽지 않다. 단순히 말을 잘하고 화려하게 발표한다고 해서 블라인드 채용에서 합격하기 어렵다.

지원자에게 블라인드 채용에서 서류전형 시 채용에 불필요한 사진, 학력, 직무와 무관한 자격증 등을 쓰지 않아 직무 관련 요소에 집중할 수 있다. 지원자의 직무 관련 능력 평가를 위해 전보다 구체적이고 구조화된 강화된 면접을 할 수 있다. 일상적이고 단편적인 대화가 아닌 직무 관련 요소에 초점을 둘 수 있다. 단답식 질문이 아니라 답변에 대한 구체적인 후속 질문이 이루어지며 주관적인 채점이 아닌 역량 평가표에 따라 척도 기준의 채점으로 공정성을 담보할 수 있다.

│ 면접 준비에서 기관과 나의 교집합을 찾자

면접은 조직과 개인이 연결되는 지점으로 '조직적합도'도 중요하고, '직무적합도'도 판단하는 중요한 자리다. 구조화 면접은 지원자에 대한 역량을 측정하는 방법을 정해져 있다. 단지 면접관이 질문을 던졌을 때 자연스럽게 떨지 않고 자신이 하고 싶은 말을 잘 전달하느냐. 면접 경험이 많을수록 실전에서 잘 할 수 있기에 모의 면접을 통해 정해진 대로 면접을 진행하면서 잘못된 점을 수정하는 데 초점을 둔다.

나의 역량이 뛰어나도 기관이 원하는 역량과 교집합이 없으면 별로 의미가 없다. 차라리 역량이 뛰어나지 않아도 기관이 원하는 역량과 일치하면 승산이 높다. 과거처럼 지원자가 여러 가지 능력을 보여주어서 면접관에게 매력적으로 보이는 형태라기보다 적합한 한 가지 모습을 보여주어서 면접관을 사로잡는 형태다.

수식어나 미사여구를 빼고
성과나 실행으로 말하자

형용사나 부사와 같은 수식어는 말이나 글을 풍부하고 아름답게 만드는 장점이 있다. 그렇지만 블라인드 면접이나 역량 중심 면접에서는 수식어를 빼고 자신이 했던 행동만 구체적으로 말하는 것이 좋다. 특히, 직무와 관련이 있는 경험이나 경력을 구체적으로 말하면 면접관은 그것을 판단하기 쉬워진다. 경험이 아닌 성과를 강조해도 좋다.

예를 들면 "학생회장을 하면서 리더십을 길렀습니다."고 쓰지 말고, "대학생 공모전에서 ○○○ 프로젝트팀을 0명으로 구성해서 00일간 준비해서 우수상을 받았습니다."라고 구체적으로 작성할 필요가 있다. 그렇지 않으면 수치로 말하는 방법도 좋다. "10만 원을 벌었습니다", "10% 상승했습니다", "몇 개를 팔았습니다" 등으로 알려주면 면접관이 금방 이해한다. 면접관이 이해를 쉽게 할수록 자신에게 좋은 결과로 돌아올 가능성이 높다.

취득 자격의 난이도로
학습능력을 추측할 수 있다

직종에 필요하거나 직무수행에 도움이 되는 자격증으로 직무 적합성을 보여주기가 가장 쉽다. 장기간 학습으로 필요한 자격을 취득했다면 면접관은 그에 대해 관심을 보인다. "왜 그 자격을 취득하려고 생각했는가?"라는 질문에 대한 답변도 준비해야 한다. 다른 사람이 취득하기 때문에 그저 따라 했다는 말은 좋은 인상을 주지 못한다. 보통 자격증은

한 번 취득하면 평생 사용할 수 있기에 정확하게 이유를 제시하는 것이 오히려 어색할 수도 있다. 다른 사람이 가지고 있지 않은 자격증이 있다면 그것에 대한 이유는 준비해야 한다.

지원동기는 의지를 드러낸다

경력이나 자격증과 다르게 지원동기는 그 사람의 의지와 생각이 강하게 드러난다. 왜 여기에 지원했는지를 알 수 있는 항목이다. 이때 그러한 의지를 얼마나 일목요연하게 잘 작성했는지 여부는 중요하다. 지원동기가 강하더라도 불분명하게 표현하면 구조화 면접에서 좋은 점수를 받기가 어렵기에 사실 중심으로 의지를 드러내는 연습을 해야 한다. 특히, 자기소개서 작성에서도 마찬가지지만 지원동기는 입사할 때 가장 중요하며 그것을 뒷받침하는 구체적인 근거를 동반해야 한다. 지원동기가 이상하면 당연히 지원 의지가 약하거나 잘못된 지원을 하는 것이 아닌가 하는 의구심을 일으킨다.

면접에서 판가름 나는 조직 적합성

'개인-직무 적합성(Person-Job Fit)' 못지않게 중요한 것이 바로 '개인-조직 적합성(Person-Organization Fit)'이기 때문이다. 직무역량도 중요하지만 조직이 추구하는 인재상과 맞지 않으면 불합격된다. 채용 면접은 단지 기술로 되는 것이 아니라 태도가 중요하다.

1. 기술 적합도(TTF, Task-Technology Fit): 조직이나 직무에서 요구하는 기술이나 기능을 어느 수준까지 가지는지 여부다.

2. 동기 적합도(MF, Motive Fit): 왜 우리 회사를 지원했는지에 관한 사항으로 분명한 지원 이유를 가지고 있는지다.
3. 문화 적합도(CF, Cultural Fit): 조직문화와 개인이 얼마나 잘 맞는지에 관한 것이다. 보수적 문화를 가진 조직에서는 튀는 인재를 원하지 않는다. 반대로 도전하려는 성향이 강한 조직은 안정성을 추구하려는 사람을 좋게 생각하지 않는다. 이는 조직의 규모와 관련되며 클수록 한 사람이 여러 가지 역량을 지니기를 원한다.

블라인드 채용에서 서류와 면접 단계

단계	유형	내용
서류	무서류 전형	최소 정보만을 포함해 지원서를 받지만 선발 기준으로는 활용 불가
	블라인드 지원서	최소 정보를 수집하고 선발 기준으로 활용 가능
면접	블라인드 면접	면접관이 사전 자료 없이 면접을 진행(편견 제거)
	블라인드 오디션	작업 표본, 시뮬레이션 등으로 지원자 역량 평가

특히, 적합도는 블라인드 면접이나 주제 토론 등에서 판가름 나는 경우가 많다. 면접관도 지원자의 역량을 평가하고 어느 정도 기관과 맞는지를 봐야 하기 때문이다.

면접의 종류

상황 면접	목적	평가 요소
경험 면접	직무능력과 관련해 과거 경험 질문	직무 기초, 수행 능력 초점
상황 면접	특정 상황 제시, 지원자의 행동을 관찰해 실제 상황 대응력을 평가	직무 기초, 수행 능력의 인지적 요소 초점

발표 면접	특정 주제에 관한 발표, 질의응답으로 역량 평가	직무 기초, 수행 능력의 인지적 요소 초점
토론 면접	제시한 토론 과제에 대한 의견 교환 과정에서 지원자 역량과 의사소통을 평가	직무 관련 인성과 태도 초점

취업 경쟁에서 많은 스펙과 자격보다는 지원자의 인성이나 경험을 바탕으로 적성에 맞는 회사를 찾아서 그 회사가 원하는 인재가 되기 위해 준비하는 것이 취업 면접에 큰 도움이 된다.

개인 능력은 뛰어나지만 기업문화에 어울리지 못하는 사람 때문에 팀 분위기가 와해되어 면접을 통해 기본 인성을 평가하기도 한다. 실력은 서류전형의 객관적 지표로 어느 정도 검증할 수 있지만, 조직 분위기와 잘 동화할 수 있는 인재는 면접을 통해 판단한다. 우수한 성적을 받았지만 옳지 않은 가치관을 갖고 있거나 대인관계가 원만하지 않거나 성격 결함이 있거나 심리적으로 불안하거나 제출한 서류와 면접 태도가 상반되는 경우를 가려내는 데 목적을 둔다. 서류전형에서 우수한 성적으로 합격하였더라도 면접 대비가 제대로 되어 있지 않으면 탈락한다.

서류전형에서는 다른 지원자보다 뛰어나지 않더라도 블라인드 면접에서 강렬한 인상과 높은 호감을 얻으면 채용될 수 있다. 특히, 요즘 주요 기업에서 면접관에게 스펙에 대한 정보가 제공되지 않는 경우가 늘어나면서 면접은 취업의 당락을 결정짓는 중요한 절차로 부각되었다. 짧은 시간에 면접관과 지원자는 끊임없이 서로 관찰하는데 이때 면접에서 중요하게 평가하는 점이 바로 지원자의 태도다.

지원자에 대한 종합적 인물 평가는 주로 최종 면접에서 결정된다. 지원자의 타고난 성품, 됨됨이를 알아보기 위해 시행한다. 타고난 성품뿐만 아니라 조직에서 원하는 윤리의식을 갖추고 조직에 기여할 수 있는 지원자를 판별하는 데 중요하다. 인성 면접의 질문은 대부분 자기소개서에 기재한 내용으로 이루어지기 때문에 '자기만의 스토리'를 만들어 대비해야 한다. 거짓으로 꾸미거나 남의 것을 베끼면 면접관은 이를 확인할 수 있다. 자기만의 스토리를 준비할 때 챗GPT를 활용할 수 있으며 갑자기 준비하지 말고 시간을 두고 차근차근 대비하면 더 좋은 자신만의 이야기를 만들 수 있다.

대기업, 공기업 중심으로 많은 기업이 면접에서 발표와 토론 면접을 선호한다. 기업은 스펙 중심, 지원자가 스스로 작성했는지 확인할 수 없는 입사지원서는 역량을 한 번에 파악할 수 없기에 발표 면접과 집단토론 면접은 효과적으로 당락을 결정하는 방식이 되었다. 지원자가 최소한 알아야 하는 주제로 지원자의 기본 역량을 단번에 알아낼 수 있다. 질의응답과 토론과정에서 주제에 대한 이해와 창의적, 논리적 의사소통 능력을 파악할 수 있다.

면접관의 질문을 파악하라

· · · · ·

┃ 연습과 훈련으로 합격할 기회를 저버리지 마라

블라인드 채용은 과거 채용보다 연습과 훈련이 더 길고 세부적이다. 그 이유는 첫째, 구조화되어 있기 때문이다. 훌륭한 지원자는 책임 있게 균형 잡힌 모습을 보인다. 준비된 목소리로 시간을 낭비하지 않으려고 한다. 둘째, 열정적이어야 하기 때문이다. 지원자가 입사 동기를 열정적으로 이야기하지 않으면 면접관이 느낄 수가 없다. 셋째, 흡인력이 있어야 한다. 면접관을 끌어들이기 위해 면접 시간에 관계를 형성하고 상호작용한다. 넷째, 자연스러움을 요구한다. 마치 대화를 나누는 것과 같은 느낌을 주려면 열심히 훈련해야 한다. 다섯째, 면접은 면접관을 이해하는 시간이기 때문이다. 지원자는 면접 중에 자신도 면접관을 연구한다. 이런 이유로 충분한 연습이 필요하다. 연습하지 않으면 발전할 수가 없다. 꾸준히 연습하면 지원자의 각종 기술이 제2의 천성이 되고 긴장되는 상황에서 실패하지 않는다.

| 열린 채용은 기회다

열린 채용은 학력이나 연령 등 각종 제한에 묶인 지원자에게 기회를 제공하는 것이 특징이다. 기업도 직무에 적합한 인재를 확보할 수 있고 실무형 인재를 원한다는 의미다. 영업 실적이 중요해지면서 과거 관리 업무를 잘하는 사람보다 직무를 바탕으로 경쟁을 잘할 수 있는 사람을 기업도 원하고 있다. 인턴과 같이 실무 경험을 할 수 있는 환경이 만들어지면서 면접관은 적성과 직무능력을 갈수록 강조하고 있다. 과거부터 대기업은 독자적으로 개발한 시험이나 채용 절차를 진행하고 있다. 그 가운데 가장 큰 영향을 미치는 것은 바로 면접이다. 지원자의 태도와 내용을 면접관이 살펴보면서 판단력, 지식, 경험, 성격 등을 판단할 수 있기 때문이다.

특히, 회사의 존재 이유와 일치하는 사람을 채용할 수밖에 없다. 이때 전문성을 비롯해서 인성을 주로 본다. 즉, 조직문화에 적응할 수 있는 사람인지를 판단하려는 면접 질문을 준비한다. "일을 잘 하기 위해서 어떤 노력을 했습니까?", "선례가 없는 일이라면 어떻게 하시겠습니까?", "조직에 필요한 사람이 되기 위해서 어떻게 경험이나 경력을 쌓으셨습니까?"와 같은 질문은 챗GPT에게 얻을 수도 있다.

| 가장 단순한 질문에 많이 대비해라

"당신의 강점은 무엇입니까?", "당신을 왜 채용해야 합니까?"와 같은 가장 단순하면서도 답하기가 어려운 질문에 대한 준비를 많이 해야 한다. 구체적이고 직무에 관한 질문은 면접관과 지원자 모두 일정하게 정답이 있는데, 단순한 질문은 응답하기가 까다롭고 정답이 없기에 준비하지 않으면 추상적으로 답변할 가능성이 높다.

1. 창의성: "지금까지 살아오면서 가장 창의적이라고 생각했던 것은 언제 무엇을 했을 때입니까?"
2. 도전 정신: "지금까지 살아오면서 자신의 한계점에 도전한 경험이 있다면 언제 무엇을 했을 때입니까?"
3. 환경에 대한 감각: "자신이 지원한 조직의 외부 환경을 얼마나 잘 알고 있으십니까?"
4. 혁신: "자신이 어느 정도 개혁 성향을 가졌다고 생각하십니까?"
5. 전문성: "자신의 전문성이 어느 정도라고 생각하십니까?"
6. 고객 지향: "어떤 사람이 가장 상대하기 불편했습니까?"
7. 직무수행: "이 일을 성공적으로 하려면 어떤 경험이 필요하다고 생각하십니까?"

역면접의 결정체, BEI

지원자가 면접관을 역면접하는 능력이 생긴다면 한층 수월하게 면접 준비를 할 수 있다. BEI(Behavioral Event Interview)는 회사가 공통적으로 요구하는 역량 및 직무수행에 필요한 역량을 지원자가 보유하고 있어야 한다는 원칙과 과거 행동이 입사 후 실제 보여줄 성과를 가장 정확히 예측해 준다는 가정에 기초하고 있다. 과거 경험에 중점을 두고 구체적 역량 측정에 중점을 둔다. 질문 의도를 파악했더라도 원하는 답변을 즉흥적으로 제시할 수 없다. 구조화된 질문항목을 질문하고 답변하는

형태로 진행되며 역량모델과 연계된 사전 정의된 질문과 평가 기준으로
인터뷰를 실시하여 응시자의 역량에 대해 평가가 가능하다.

- 효율성: 선발의 비용과 노력을 최소화하는 것이 중요하다.
- 타당성: 우리 조직 및 담당 직무에서 성과를 낼 수 있는 인재를 선발
  하는 데 초점을 둔다.
- 공정성: 모든 지원자에게 공정하고 충분한 기회를 제공한다.
- 유인성: 우수한 인재 취업에 대한 동기를 강화한다.

✅ BEI 면접 과정별 역할

1. 면접관 역할 배분	시작 및 종료 멘트 담당 지정 역량별 담당 지정 질문할 역량 순서 지정 역량별 소요시간 지정
2. 자료 준비	관련 자료(지원서, 평가표, 질문서 등) 필기도구 준비
3. 지원자 확인	해당 지원자 지원서 일기 지원서 내 면접 역량 관련 사항 파악
4. 질문 준비	역량 파악을 위한 질문 문항 작성 평가척도 숙지
5. 인사 및 긴장 완화	우리 조직 지원에 대한 감사 표시 긴장 완화 / 친밀감 형성
6. 면접 안내	면접관 소개/면접 진행 방식 안내/기록에 대한 양해 조직 및 지원 직무 간략 소개

역면접은 면접관끼리도 준비해야 하고 주의할 점을 숙지하며 면접 과
정 처음부터 끝까지 진행해야 하므로 면접관이 어떤 일을 하는지 미리
알면 면접을 차분하고 안정적으로 준비할 수 있다.

1. 질문	전문적인 자격 요건에 대해서 질문 관련된 경험에 대해서 질문(유사한 직책, 직무, 리더십, 해외 경험 등) 개인의 역량에 대한 행동 관련 질문 동기에 대한 질문 개인의 가치에 대해 질문 미래에 대한 질문(장기적인 관점에서 개발하고 싶은 것이 무엇인지)
2. 관찰	언어적 행동뿐 아니라 비언어적 행동까지도 주의 깊게 관찰
3. 기록	관찰된 행동들을 평가지에 기록 관찰 기록의 긍정 및 부정 표시

1. 향후 계획	지원자들이 어떤 절차를 밟게 될지 설명 언제 어떻게 연락을 취할지 자세하게 설명
2. 질문 기회 제공	지원자들에게 질문의 기회 제공
3. 감사 표시	성의 있게 이야기해준 것에 대해 감사 표시
4. 평가자 토의	점수 차이가 의미 있게 있는 경우, 각자가 부여한 점수의 이유/근거를 논의하여 점수를 조정

과거 경험 사례 중에서 실제 행한 구체적 행동, 의도, 결과 등을 떠올려 답할 수 있도록 질문한다. 사람의 행동양식은 장기간에 걸쳐서는 변화할 수 있지만, 가장 빈번하게 보여준 행동양식은 향후 그 사람이 어떻게 행동할 것인지를 예측할 수 있는 가장 강력한 도구이다. 최근 행동양식을 정확하게 파악한다면 지원자가 입사 후 처하게 될 상황과 최대한 유사한 상황에서 어떻게 구체적으로 행동할지를 예측할 수 있다. 지원자가 이야기하는 각각의 모든 내용에 대해 "그것과 관련하여 어떠한 행동을 했습니까?"라는 질문을 넣는다. 지원자의 대답을 일일이 판단하려 하지 말고 우선 행동 사례 확인을 통한 정보 수집에 집중한다.

면접관의 탐색 질문 : 도입, 초점, 결과

1. 도입
   - 여럿이서 함께 과제를 수행했던 일이 있으면 말씀해 주십시오.
   - 어떤 수업이었고, 과제의 내용은 무엇이었습니까?

2. 초점: 행동
   - 당신은 어떤 역할을 담당했습니까?
   - 과제수행 시 어려움이나 문제가 있었습니까?
   - 무엇이 문제였습니까?
   - 그러한 어려움과 갈등을 어떻게 해결했습니까?

3. 결과: 당신은 그러한 결과로부터 어떤 것을 느꼈습니까?

상황과 행동에 관한 구체적인 질문과 평가 기준

1. 어떤 목표를 세우고 그 목표를 달성하기 위해 노력했던 경험과 그 결과를 구체적으로 설명하십시오.
2. 자신이 경험하지 못한 다른 새로운 분야에 대한 지식이나 능력을 갖추기 위해 노력했던 경험을 말씀해 보십시오.
3. 지금까지 살아오면서 무엇인가를 위해 끈기 있게 노력해서 성취했던 경험에 대해 설명하십시오. 구체적으로 어떤 일들을 했습니까?
4. 목표설정
   1) 일을 수행하기 위해 어떤 목표나 계획을 세웠습니까?
   2) 왜 그러한 목표를 세웠습니까?(목표 수준/난이도)

– 목표설정 평가 기준
- 목표 지향적이다(스스로 목표를 설정할 줄 안다).
- 목표를 구체적으로 설정한다.
- 달성 가능한 한도 내에서 어려운 목표를 설정한다.
- 목표설정에서 자신의 내적 기준을 적용한다.

5. 목표달성 노력

1) 그러한 목표를 달성하기 위해 구체적으로 어떤 노력을 했습니까?

2) 남들보다 더 잘하기 위해서 특별히 어떤 노력을 기울였습니까?

3) 그러한 일을 하는 데 있어서 본인은 어떠한 역할을 했습니까?

4) 구체적으로 본인이 한 일들은 무엇이었습니까?

5) 그 상황을 어떻게 극복했습니까?

– 목표달성 노력 평가 기준
- 자신이 맡은 일에 대해 보다 더 잘하려 노력한다.
- 목표달성 과정에서 자신의 상태에 대해 지속적인 자기점검을 추구한다.
- 목표달성을 위한 보다 효과적인 방법들을 모색한다.
- 목표를 달성하는 과정에서 스스로 계속해서 동기부여 한다.

6. 목표달성 결과

1) 그 일에 대해 다른 사람들로부터 어떤 피드백을 받았습니까?

2) 그 일로부터 어떤 점을 느꼈습니까?

3) 그러한 경험이 본인에게 어떠한 영향을 미쳤습니까?

– 목표달성 평가 기준

- 어떤 일이든 할 수 있다는 자신감을 가지고 있다.
- 금전적, 물질적 보상보다 목표를 달성 과정과 목표달성 자체에 대해 성취감을 느낀다.
- 자신의 장래에 대한 구체적인 계획을 가지고 있으며, 그러한 계획을 착실히 실천해 간다.
- 해야 할 일에 대해 주도적이고 적극적이다.
- 한 번의 목표달성 경험에 만족하지 않고, 추가적인 목표를 수립하고 계획한다.

이렇게 질문에 대한 답변을 들으면서 면접관은 면접이 진행되는 동안 자신이 관찰해야 하는 지원자에게 주의를 집중하고 의미 있는 행동 단서를 최대한 찾으려고 한다. 이제 면접관이 느낌, 예감이 아니라 관찰한 행동과 답변 내용에 초점을 맞추며 평가의 근거가 되는 것들은 즉시 적는다. 과제가 진행되는 동안 말이나 몸짓으로 지원자에게 단서를 주지 않고 모든 지원자에게 동등한 기회를 준다.

예상 질문에 STAR로 답하자

· · · ·

말하기를 구조화하라

최근 구조화 면접 실시 기업이 대다수로 이력서와 함께 기본 전형으로 자리 잡았다. 지원자의 성공적인 직무수행을 예측하기 위해 지식, 인지능력, 역량, 직무 적합성 요소로 평가한다. 새롭게 채용된 사람이 조직의 성장과 변화(도전정신)와 인력의 안정적 유지와 조직 공헌(성실성, 인내심)과 관련된 역량을 본다.

구조화 면접 기법은 면접관 구성이 조직 인사담당자, 채용전문가, 고객 등으로 구성되며 채용 여부를 모두 수치화해서 합산하거나 만장일치 또는 절대 다수 찬성의 방법으로 결정한다는 점에서 엄격하다.

첫째, 질문 내용에서 직무 관련 지식 발표를 기본으로 "이런 상황이라면 어떻게 할 것인가?" 하는 가상 상황 면접이 많이 사용되고 있다. 실제 있었던 사건, 상황을 지원자에게 제시하고 상황 해결 능력을 살펴보면 타당도가 높다.

둘째, 구조화 면접이 많이 사용되고 있지만 지원자 평가 요소 중에서는 대면 상황에서 의사소통, 협조, 태도 등에 대한 평가도 여전히 중요하다. 이에 관한 사항도 면접관의 오류에서 벗어나도록 가급적 추가질문을 제한하며 임의대로 질문하지 않도록 하고 있다. 이는 불평 또는 공정성 시비에 해당될 수 있으므로 이미 정해놓은 절차에 따라서 면접을 진행한다.

셋째, 과거 행동 질문도 있다. 미래 행동은 과거로부터 이어진다는 개념에서 유래한 방법이다. 타당도가 높은 질문을 만드는 것에 비해서 쉽게 지원자를 파악할 수 있다. 가상 상황 질문에 비교해 어느 것이 더 좋다고 말하기는 어렵지만, 일상적인 역량평가는 과거 행동 질문이 더 효과적이다.

넷째, 배경지식 질문은 경험이나 경력을 중심으로 지원자가 맡을 업무 관련 실적에 대한 질문으로 공정성, 편의성이 높다. 이 방식은 과거 행동을 묻기보다 과거 행동의 업적이나 성과를 묻는 것이다. 경력직을 채용하거나 핵심 직무에 맞는 인재를 선발할 때 활용된다.

과거의 비구조화 면접	역량 기반 블라인드 면접
지원자의 개인정보 중심(스펙 초점) 직무 적합성보다 개인 요소 중시 면접관의 주관적 개입이 가능 면접관의 평가 오류 가능성	직무와 연관성이 높은 인재 발굴 초점 현업 적응도가 높은 사람을 면접에서 선발 면접관끼리 질문과 선발 방법 사전 합의

구조화 면접과 비구조화 면접의 차이

구분	구조화 면접	비구조화 면접
평가 질문	모든 지원자에게 사전에 준비된 동일한 기준 사용 경험·상황 등 답변이 명확한 질문 활용	지원자에 따라 임의 질문 개방형 대답이 가능한 방식 사용
평가 방법	표준화 척도 사용 각 질문에 대한 답을 평가 질문마다 가중치 적용 가능	면접위원 판단 적용 전체 질문과 답변에 대한 평가 추가 질문과 답변 가능
평가자 역할	지원자의 답변과 사전에 제시된 평가 기준 비교 면접관 융통성이 거의 없음	면접 과정 전체를 주관 면접관 융통성이 매우 많음
장점	면접 신뢰도와 타당도가 높음 면접관 오류 최소화	직무 적합성 이상을 파악 가능 면접관 경험에 따라 사전 준비 절감
단점	개발 비용이 복잡하고 시간 소요 복합적 직무에는 사용하기 곤란	면접 신뢰도와 타당도 저하 면접관 오류 극복 방안 미비

가상 행동과 과거 행동에 따른 구조화된 질문

역량과 관련 있는 과거 경험/행동에 대한 질문은 블라인드 채용에서 거의 들을 수 있다. 예를 들어, "당신과 학과 동료가 함께 프로젝트를 하게 되었는데, 동료가 자신의 일을 제대로 하지 않았던 경우에 당신은 어떻게 했습니까?"와 같다.

역량이 드러날 수 있는 가상적 상황을 제시하고 그 상황에서 지원자 행동을 묻기도 한다. 예를 들어, "당신과 학과 동료가 돈을 받고 함께 어떤 일을 맡았습니다. 그런데 동료는 자신의 일을 제대로 하지 않습니다. 이런 경우에 당신은 어떻게 하시겠습니까?"와 같은 형태다. 이와 같은 질문과 적절한 응답은 챗GPT의 도움을 받을 수 있고 자기소개서 내용을 입력한다면 더 구체화된 답변도 들을 수 있다.

| STAR의 뜻

S는 상황, Situation이며 내가 겪었던 상황이 어떤 것이었고, 무엇을 달성해야 했는지, 환경은 어떠했는지 작성한다. T는 과업, Task로 이 상황을 처리하기 위해 '내가' 어떠한 과업을 달성해야 했는지를 작성한다. 여기서는 '우리'가 아닌 '내가' 맡은 일에 대해서 구체적으로 작성해야 한다. A는 행동, Action이며 그 과업을 달성하기 위해 나는 구체적으로 무엇을 하였는지를 작성한다. '다양한 것을 했다'와 같이 막연하게 적는 것이 아니라, 구체적으로 내가 직접 수행한 사항에 대해 자세히 작성하는 것이 좋다. R은 결과, Result이고 그 행동의 결과는 어떠했으며, 과업을 달성했는지, 상황을 해결하였는지, 마지막으로 내가 그 경험을 통해 어떤 교훈을 얻었는지를 작성한다. STAR 기법은 이미 챗GPT도 잘 알고 있다.

🤖 Situation 지원자가 겪은 상황에 대한 질문

- ○○한 경험이 있나요? ○○와 관련하여 겪은 상황이 있나요?

🤖 Task 그 상황에서 지원자가 담당하거나 맡은 일(역할)

- 그 상황을 해결하기 위해 지원자 본인은 어떤 일을 맡았나요?

Action 그 일(역할)을 달성하기 위해 지원자가 구체적으로 한 행동

– 그 역할을 수행하기 위해 구체적으로 어떤 것을 했나요?

 Result 그 행동의 결과

– 그 결과는 어떠했고 상황이 해결되었나요? 그 경험을 통해 무엇을 느꼈나요?

당면한 구체적 상황(S)

– ○○○ 프로젝트의 경험이 많은데 가장 기억에 남는 프로젝트가 있다면 말씀해 주십시오. 그 과제를 수행했을 때가 업무환경, 물적/인적자원은 어떠했습니까?

수행했던 과제/과업 목표(T)

– ○○○ 프로젝트에서 ○○○씨가 맡은 부분은 무엇입니까? 그 일을 계획할 때 어떻게 시작했습니까? 그 과제의 고객은 누구였습니까(동료, 팀원)?

구체적 노력/활동/반응 행동(A)

– ○○○씨는 어떤 역할을 했습니까? 그 과제에 대해서 주위 팀원들은 어떤 반응을 보였습니까? 프로젝트를 조정하는 데 핵심 단계는 무엇입니까? 당신이 그것을 어떻게 했는지 구체적으로 설명해 주시

겠습니까? 어떤 상황에서 ○○○씨가 맡은 부분은 무엇이고, 이를 어떻게 완수하였습니까?

행동의 결과(R)
– 그 프로젝트는 어떤 효력이 있었습니까? 조직 내에서 다른 프로젝트와 비교하여 ○○○ 프로젝트는 어떤 영향을 미쳤습니까? 당신이 한 일이 효과적이었다고 어떻게 알 수 있었습니까? 그 일이 끝났을 때 어떤 평가를 받았습니까? 프로젝트의 경험에 근거해서 비슷한 프로젝트를 맡게 되는 동료에게 어떤 충고를 하겠습니까?

기본적인 STAR 질문

- Situation: 당시 상황을 더 자세히 설명해 주세요.
- Task: 당시에 어떤 대안을 검토했습니까?
- Action: 어떻게 실행했습니까? 구체적으로 내가 무엇을 했는지 말하기
- Result: 결과(성과)는 어떠했습니까? 수치를 동원해서 말하기

제목	상황 중심 질문
상황 (Situation)	당시의 상황을 좀 더 자세히 설명해 주시겠습니까?
과제 (Task)	당시에 어떤 대안들을 검토했습니까?
행동 (Action)	어떻게 실행했습니까?
결과 (Result)	결과는 어떻게 되었습니까?

제목	문제해결 관련 질문
상황 (Situation)	제가 근무하던 회사에서 당시 박람회의 스태프를 하게 되었습니다. 당시 관련 부스를 얼마나 많이 유치하느냐가 저희에게는 성패의 갈림길이었습니다. 그러나 박람회가 임박하던 시기에 마침 다른 곳에서 비슷한 박람회가 열리고 있었고, 200만 원의 부스 비용으로는 유치가 쉽지 않았습니다.
과제 (Task)	저는 부스 비용을 25% 낮추고 유치 수를 늘리는 것으로 방향을 잡았습니다.
행동 (Action)	관련 협회에 협조 요청해 길거리 홍보를 요청했고, 관련 학과를 직접 방문하여 학생의 참여와 관람을 부탁드렸습니다. 교수님의 협조로 당일 휴강을 하고 학생 전체가 관람하게 되었습니다.
결과 (Result)	부스 수익률은 비록 100% 달성하지 못했지만 그 수는 150% 달성시켰고, 이런 문제해결 능력을 귀사에서 발휘하고 싶습니다.

 큰 질문: 어떤 일을 실패했을 때 그것을 어떻게 극복하셨습니까?

- S : 구체적으로 경험한 것을 말하기 / 당시 본인의 위치는 무엇이었습니까?(팀장, 팀원 등)
- T : 실패한 이유를 말하기 / 상황을 파악하고 당신은 어떻게 했습니까?
- A : 어떻게 극복했습니까? / 자신만의 전략을 말해주세요. / 다시 도전했을 때 주변 반응은 무엇이었습니까?
- R : 성공 또는 다시 실패했습니까? / 교훈은 무엇입니까? / 교훈을 이곳에 적용하면 어떤 의미가 있을까요?

면접관을 역으로 면접하면 속속들이 보인다

문제는 어느 기업이나 원하는 핵심 인재의 수가 전체 지원자 수에 비해 극히 적다는 점이다. 어떤 면접을 실시해도 핵심 인재는 전체 지원자의 5% 미만이다. 면접관이 인재를 평가하는 게 아니라 핵심 인재가 면접관 및 기업을 판단하고 선택하는 이른바 '역(易)면접' 현상이 나타나고 있다. '역면접' 때문에 많은 기업에서 핵심 인재를 파악하고 영입하기 위한 면접 기법 및 채용 전략을 세우려 애쓰고 있다. 면접관 교육, 모의 면접 실행, 최종 선발 시 외부 면접관 초청 등이 대표적 예이다.

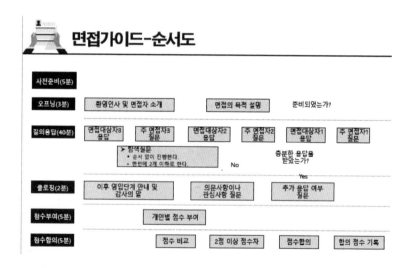

면접관에서 주요 평가 기준은 타당성, 공정성, 신뢰성 등이라고 할 수 있다. 그런데 이러한 기준은 지원자가 면접관을 역으로 면접한다고 생각했을 때 더 실감할 수 있다.

면접관은 지원자의 행동패턴을 찾는다

　행동과 생각을 혼동하는 경우도 많은데 행동은 과거부터 현재까지 해왔던 사실이며 생각은 언제든지 달라질 수 있다. 이에 생각을 말하기보다 행동에 대해서 설명하는 것이 더 솔직하면서도 자신의 강점을 면접관에게 보여주는 것이다. 반복되는 행동에 스며든 습관이나 패턴을 찾는 것이 면접관에게 중요하므로 지원자는 이 점을 염두에 두고 면접을 준비해야 한다.

　많은 지원자가 자신을 연출하는 데 익숙하게 훈련을 받았다. 그것은 잘 준비했다는 인상을 주기도 하지만 과장된 모습, 억지스러운 모습일 수 있다. 면접관은 지원자의 긴장감을 낮추고 자연스럽게 행동하도록 유도해 과장되거나 부자연스러운 모습을 찾으려고 한다.

자기소개서로 바로 써먹는
1분 자기소개 노하우

· · · ·

| 면접에서 자기소개는 매우 중요하다

면접관은 처음 1분 자기소개에서 받은 인상에 따라 어느 정도 점수를 정하고 추가 질문으로 자신의 판단을 확인하기도 한다. 그만큼 1분 자기소개의 위력은 강하기 때문에 면접 전에 1분 자기소개, 그와 관련된 예상 질문과 답변은 꼭 준비해야 한다. 단순한 소개가 아니라 주어진 짧은 시간 안에 자신을 효과적으로 알리는 기회다.

틀에 박힌 이야기를 장황하게 늘어놓는 지원자와 신상에 대해 기본 내용만 언급하고 소개를 끝내는 지원자가 의외로 많은데 이것은 의미가 없다. 지원 회사 직무와 관련해 지원동기, 강점, 경험, 포부 중심으로 일목요연하게 면접관에서 발표할 수 있도록 준비해야 한다.

이 책을 읽는 사람 중에 지금까지 살면서 자기소개를 안 해본 사람은 없다. 그러나 자기소개서를 처음 쓰는 사람은 있을 것이며 준비 없이 무조건 쓰는 사람도 있을 것이다. 아니면 지원서를 모두 제출하고서 후회하는 사람, 정작 써야 할 내용을 빠뜨리는 경우, 자기소개서에 적힌 내용을 면접에서 질문받았을 때 제대로 대답하지 못하는 일도 있었을 것이다. 자기소개서 작성에 불안해하거나 부담을 느끼는 사람은 모범 자기소개서를 모방하고 결국 인사담당자가 원하는 내용을 쓰지 못한다.

자기소개는 자신을 표현하는 도구로 이용하자. 친구의 이력서나 타인의 자기소개서를 베끼는 것은 어떠한 형태로든 탄로가 난다. 정작 자신이 하고 싶은 이야기를 하지 못해서는 안 된다. 자기소개에서 흔히 저지르는 실수가 자신의 입장만을 고수한다는 점이다. 다시 말해서, 채용하려는 곳에서 원하는 입장에 맞추는 것이 아니라 자신이 잘하는 것을 너무 강조하는 데서 비롯되는 문제다. 자신의 장점을 부각하다 보면 정작 지원한 직무와는 상관없는 이야기를 쓸 수 있다는 점에서 초점이 흐려진다.

▌억지로 잘 보이려고 하면 탈락한다

자신이 가지고 있는 역량을 어떻게 보여주는지가 관건이다. 원하는 회사에 들어가고 싶다면 가장 중요한 관문은 면접인데 억지로 잘 보이려고 노력하면 면접관은 그것을 알아본다.

- 화나거나 흥분한 고객을 어떻게 상대하겠습니까?
- 자신이 겪었던 최악의 상황에 대해서 설명하세요.
- 실패할 뻔했던 일을 자신의 장점 덕분에 성공했던 경험했었던 경험이 있으면 말해보시겠습니까?

앞과 같은 질문은 특정한 사례나 경험을 반드시 언급해야 한다. 이럴 때 억지로 또는 과장해서 말하면 '그에 관한 세부적인 질문'을 들을 수 있다. 어쩌다 보니 압박 면접처럼 진행되기도 한다. 절대로 과장하거나 없었던 이야기를 지어내지 말고 준비한 대로 말해야 한다.

▎지원동기와 입사 후 포부는 직무와 연결시켜라

직무 관련성은 블라인드 채용에서 핵심이며 인재상, 가치관과 관련해 서술해도 무방하다. 모든 회사마다 추구하는 인재상이 있는데 추상적으로 제시된 인재상을 직무 적합성과 연결해 자신이 적어야 한다. 단순히 공개된 인재상만으로 설명하려면 구체성이 떨어진다. 예를 들어, 소통이라는 인재상은 내가 다른 사람에게 설득을 잘한다는 의미인지, 다른 사람의 말을 잘 듣는다는 의미인지 고민해야 한다. 자기 경험이 있다면 그것을 활용해도 된다. 다만, 사례를 그저 나열하지 말고 1~2가지로 구체화해야 한다.

▎행동과 성과 중심으로 말하자

자신의 장점과 단점, 어려움을 극복한 경험, 약점을 보완한 점은 자기 행동과 성과 중심으로 작성해야 한다. 물론 지원자는 어느 수준까지 약점을 적어야 할지, 단점을 어디까지 밝혀야 할지 고민이다. 치명적인 단점을 써서 면접에서 힘들어질까 봐 걱정되는 것도 당연하다. 그런데 그러한 내용을 드러내도록 하는 이유가 있다.

단점을 묻는 것은 얼마나 자신에 대해서 정확하게 인지하고 있는지, 개선하려고 노력했는지, 노력해서 어느 정도 개선되었는지 판단하는 게 목적이다. 인사담당지는 지원자의 단점이 입사 후 회사 생활에 문제가 되지 않는지 검증하고자 한다. 따라서 솔직하게 자신의 부족한 점을 보여주는 것이 현명하다. 이때 그 개선 노력을 구체적인 행동과 변한 모습(성과)으로 작성해야 한다.

지원자가 많이 하는 실수는 단점을 장점처럼 말하려고 하는 것이다. "너무 꼼꼼한 것이 단점인데 이것은 장점이 되기도 한다", "목표의식이 너무 강해서 단점이지만 업무를 추진할 때는 장점이 된다"는 형태는 질문 목적 자체를 부인하는 것이니 조심해야 한다. 이렇게 표현하면 구체성이 떨어지고 성과를 표현하기가 어렵다.

면접에서 저지르기
쉬운 실수

· · · · ·

지원자가 가장 긴장하는 순간, 압박 면접

지원자가 가장 난감한 면접 순간은 바로 압박 면접이다. 압박 면접은 스트레스에 어떻게 대처하는지 살펴보려고 의도적으로 구성한 것이다. 예를 들어, 즉각 처리할 문제가 담긴 보고서, 이메일 등을 제시하고 촉박한 시간 안에 그 문제를 해결하는 방법을 설명하도록 하는 것이다.

특정 상황이나 직무에서 효과적이고 우수하게 일할 수 있는 역량도 필요하지만, 어느 정도 스트레스에 견딜 수 있는지도 실제 중요하다. 기관에서 채용하려는 직무에서 일을 우수하게 하는 사람을 선발하면 입사 후에 우수한 성과를 보일 수 있다고 예측한다. 그런데 모두 우수한 성과를 거둘 수는 없으며 실수 또는 중도에 일이 무산되는 경우도 부지기수다. 그렇기 때문에 과거 수행 경험을 기초로 역량을 추정하는 방법이 많이 활용되고 있다.

블라인드 면접에서도 가장 중요한 부분은 역량이며 압박 면접에서 이를 확인하고자 한다. 면접은 일종의 대인관계로 면접관이나 지원자 모두 뚜렷한 목적이 있다. 성교한 의사소통을 해야만 정확하고 객관적으로 지원자의 행동만이 아니라 내면에 보유하고 있는 역량을 추론하는 데 압박 면접은 의미가 있다. 지원자의 긴장을 높이는 기술, 송곳 같은 질문 등이 대표적인 예다.

작살형 채용, 블라인드 면접은 직무에 적합한 인재만 콕 찍는다

과거에는 많은 사람을 뽑는 그물형 채용을 사용했지만, 블라인드 채용은 작살형 채용이라고 할 수 있다. 직무에 적합한 인재를 찍으려는 것이다. 직무에 적합하기만 하면 학력, 학벌, 학점도 중요하지 않고 소량 맞춤형 인재를 찾는 것이다. 한꺼번에 많이 뽑아서 인력을 유지하는 것보다 필요한 만큼 적합한 인재를 선발하는 것이 효율적이다.

면접에서 말하는 역량은 중요사건 면접 기법을 통해 사건, 위기, 문제 등과 같이 특정한 상황에서 사람이 어떻게 행동하는가에 대한 자료를 수집해 성공적 수행과 관련된 결정적 특질이나 기술을 파악한 데서 계발되었다.

내 자랑이 아닌 조직에 기여할 것을 말하라

자신이 조직에 무엇을 기여할 수 있는지를 설득하는 것이 중요하다. 회사에 대한 관심, 성장 가능성, 지리적 접근성, 명성 등으로 지원한다는 말은 설득력이 떨어진다. 물론 이러한 관심은 지원동기에 포함되지만, 직무 적합성을 파악하는 블라인드 면접의 목적과 다르다. 상당히 적극적으로 지원자의 목표의식이 드러나야 하는데 그것은 직무에 관련된 내용을 잘 표현하는 데 있다. 특히, 입사 후에 자신이 조직에 어떤 것을 기여할 수 있는지 단계별로 말하는 것은 중요하며 그때 관련 부서와 협력 등을 언급하면 좋다. 굳이 말할 필요가 없는 사항은 회사 자체 정보만 치중하는 사례, 회사에 대한 동경, 실현 불가능한 목표 언급이라고 할 수 있다.

개인의 특성을 이해하는 데 활용되는 가장 폭넓은 방법은 바로 면접이다. 특히, 블라인드 면접은 개인 특성을 직접적이고 구체적으로 진단할 수 있다. 기업에서 인재를 뽑을 때 개인이 환경에 어떻게 상호 작용하는지 다각도로 살펴본다. 지원자를 압박하는 질문, 지원자가 비교적 잘 말할 수 있는 질문, 주어진 조건에 맞추는 문제해결식 질문 등을 통해 지원자가 환경으로부터 어떻게 영향을 받는지를 살펴본다. 어떤 사람은 태도의 일관성을 보이기도 하지만 다른 사람은 질문마다 자신의 답변이 달라지기도 한다. 환경에 영향을 덜 받는 사람은 일관성이라는 장점과 더불어 경직되기 쉽다. 반대로 상황에 따라 행동이 달라지면 유연성이라는 장점도 있지만 원칙이 흔들릴 수도 있다. 이렇게 개인의 특성을 잘 알 수 있는 방법이 다면 평가를 바탕으로 하는 면접이다.

| 안정적인 목소리로 사로잡아라

지원자가 면접관 앞에서 이야기할 때는 배경 음악이 없다. 지원자의 목소리가 배경 음악처럼 효과를 발휘해야 한다. 강조할 부분, 쉬어갈 부분, 면접관의 감정을 건드릴 수 있어야 한다. 목소리를 강조하려면 동작

하나하나까지 잘 언습하는 것도 중요하다. 지원자의 말 한마디에서 명확한 의미를 찾을 수 있어야 한다. 목소리를 잘 다듬는 방법으로는 방(교실)의 반대편에서 다른 사람에게 읽어 주기도 좋다. 같은 방에서는 작게 말해도 목소리가 잘 들리겠지만 바로 옆방에 있는 사람에게 목소리를 전달하려면 크고 또박또박 말해야 한다. 그리고 적절한 곳에서 쉬어야 한다. 쉬지 않고 말한다고 해서 진짜 말을 잘한다고 보기는 어렵다.

행동으로 행동을 가장 잘 예측할 수 있다는 가정에서 출발한다. 미래의 성과는 결국 행동에서 비롯되므로 가장 반복적이고 일관된 행동을 분석해 미래를 예측하는 것이다. 과거 행동을 중심으로 평가한다는 점에서 의견이나 생각을 묻는 것과 다르다. 역량 중심 면접은 면접관이 지원자의 생각이나 견해를 묻는다기보다 과거에 했었던 행위에 대해서 구체적으로 물어야 한다. 미래를 묻지 말고 과거를 물어야 하는데 장래 사람의 행동은 달라질 수 있지만 이미 지나간 행동이나 결과를 바꿀 수가 없다. 과거 행동을 구체적으로 파악해 지원자가 앞으로 어떻게 행동할 것이라는 사실을 예측해야 한다.

현장에서 바로 써먹는
노하우

· · · ·

| 신입사원이 갖출 자세는 무엇이라고 생각하는가?

공공기관이나 기업도 생존하려고 노력하는 곳이다. 사고의 유연성/타인에 대한 배려/조직력 등의 인성이 절대적으로 필요하다. 회사는 신입 사원에게 엄청난 직무 적합에 관한 능력을 요구하지는 않는다. 기업에 입사하기 위해 꾸준히 노력하고 열정적이며 패기 있는 사람을 찾기를 원하며 기업은 이러한 노력을 계속하고 있다. 신입사원이라면 끈기와 열정이 매우 중요하며 해당 기업의 인재상에 대한 생각을 정리할 필요가 있다. 그러한 끈기와 열정은 지원동기에서 드러나며 입사 후 포부에서 어느 정도 판가름 난다.

| 직무와 관련해 지원동기를 말씀해 보세요.

가장 중요한 질문이며 모든 면접에서 질문되는 내용이다. 거의 모든 지원자에게 주어졌다. 입사하고 싶다는 열정을 가지게 한 그 무엇에 대한 각자의 생각을 후회 없이 말해야 한다. 막연하게 "좋아서, 최고의 기업이라서"라는 답변보다는 명확하고 구체적인 지원동기를 바탕으로 면접관을 설득해야 한다.

추상적인 단어를 최대한 절제하는 것은 반드시 필요하다. 지원동기는 반드시 조직에 맞게 준비해야 하고 그러기 위해서는 많은 양의 사전 정보가 있어야 한다. 업종의 특징, 직무 특성, 인재상, 비전 등과 연결해 도입부를 시작하는 것이 좋다.

불확실한 동기는 업무에 대한 열의 부족으로 비칠 수 있으며 '묻지마 지원'이란 오해를 받는다. 자신의 희망 업무 등과 연결해 지원동기를 말하는 것도 필요하다. 적극적인 면접을 위해서는 잘하는 것/하고 싶은 것이 중요하다.

누누이 강조하는 것은 진솔한 이야기만 면접관에게 설득력이 있다. 그 지원동기에는 조직에 얼마나 관심을 가져왔으며 입사를 위해 무엇을 준비해왔는지도 포함되어야 한다.

✅ "뽑아만 주시면 뭐든지 열심히 하겠다"는 절대 금물

지원동기는 입사 이후 동기부여와 직결되고 실적으로 바로 연결되는 부분이라 중요하다. 잘 할 수 있는 것과 하고 싶은 것이 적절하게 포함되어야 하는데 이는 입사 이후 비전을 미리 그려보고 제시하는 내용도 마찬가지다. 지원동기 표현은 매우 중요하면서 어렵다. 지원동기는 많은 정보를 기본으로 추상적 단어를 배제하고 명확하게 초점을 맞추어야 한다.

지원 직무 가운데서도 더 구체적으로 하고 싶은 직무가 있는가?

지원동기와 더불어 결정적 질문이다. 이러한 질문은 블라인드 면접에서 가장 빈번히 출제되는 질문이다. 독불장군은 금물이지만 똑똑하고 자기 주관이 뚜렷한 직원, 자기계발을 게을리하지 않으며, 긍정적인 사고와 적극적인 행동을 할 수 있는 직원, 대인관계에서 사회성을 갖춘 직원들이 결국 회사의 비전을 실현하는 주는 인재다. 적극적인 면접을 위해서는 잘하는 직무와 하고 싶은 직무가 있는지가 중요하다. 지원 분야에 대해서 얼마나 관심이 있으며 그 분야에서 본인의 역량을 어떻게 활용할 것인지는 이러한 질문에서 잘 드러난다.

자기 자신에 대한 이해가 낮으면 자기가 원하는 일이 어떤 일인지 알 수 없다. 자기분석이 끝났다면 지원 분야에 대한 정확한 정보를 가지고 그 분야에 대한 역량이 풍부하다는 것을 알릴 필요가 있다. 지원 분야에 대한 직무가 무엇인지 잊지 말고 지원동기와 더불어 합격을 좌우하는 중요한 질문이라는 점을 명심해야 한다.

현재나 미래 조직의 기본적인 전략에 관한 지식이 있으면 유리하다. 부서와 직무를 고르는 것은 입사를 위한 첫걸음이다. 반드시 해당 업계의 직무를 참고해서 자신에게 적합한 부서 및 직무를 선택하여야 면접에서도 승산이 있다. 입사 후에 구체적으로 하고 싶은 일을 언급하는 것도 블라인드 면접에서 차별화하는 요소다. 주의할 것은 직무와 관련해서 구체적으로 설명하는 것이다. 유사한 질문으로 "지원 분야에 대해서 아는 것을 말하라"는 것이 있을 수 있다.

▎본인이 왜 이 회사에 필요하다고 생각하는가?

빈번히 출제되는 질문이며 핵심은 "Job Based"다. "채용이란 기업이 개인을 구매하는 행위이다."라는 말의 의미다. 그 개인의 능력과 비전을 사는 것이다. 구매자가 물건을 고르는 행위와 같다. 그 회사에 무엇을 해줄 수 있는지 물어보는 것은 당연하며 면접 당락을 결정짓는 중요한 잣대다. 이런 질문에 가장 기본은 자기분석이며 내가 무엇을 할 수 있는지 어떤 강점과 장점을 가지고 있는지 자기소개서나 면접에서 말할 수 없으면 이런 질문에 답하기는 어렵다.

주의할 것은 이러한 강점이 지원한 조직에 어떻게 적절히 활용될 것인지를 밝히는 것이다. 자신의 역량을 알리는 것이 제일 중요하며 자격증 등에 대한 언급보다 자질과 역량에 더 초점을 맞추자.

신입사원으로서 약간은 모자란 역량이지만 해당 조직이 추구하는 목표에 대한 열정은 누구보다 더 강하다는 것을 강조해야 한다. 이 대답을 얼마나 잘 표현하는가에 따라서 합격의 당락이 달려 있다. 지원한 조직이 요구하는 적합한 직무능력과 인성을 가진 사람, 코드가 맞는 인재라는 것을 입증해야 한다.

"당신이 면접관이면 당신을 채용하겠는가?" 또는 "당신을 뽑아야 하는 이유를 말하라"라는 질문이 이와 같다.

▎지원한 부서가 본인의 적성(역량)과 일치하는가?

지원한 분야에서 성공을 확신하는 근거를 제시해야 하는데 성격, 성취(성과), 비전이라고 할 수 있다. 적성과의 부합은 바로 성격과 관련이 있다. 지원자는 신중한 자세와 관련 정보를 바탕으로 지원 직무를 결정한다. 즉, 회사가 제안하는 부서가 과연 자신에게 맞는가를 계속 떠올리면서 확고한 신념을 가져야 한다. 어떠한 부서도 상관없다고 말하는 것은 좋지 않다. 선택한 부서에서 필요한 직무와 성격을 분석하고 본인이 그에 맞는다는 점을 직간접적으로 알려야 한다. 이에 관련되는 성과와 경험을 했다는 것, 자신의 비전이 조직의 목표와 연결된다는 점을 설명할 수 있으면 매우 좋은 답변이다.

지원부서가 아닌 다른 부서로 가면 어떡할 것인가?

지원 직무를 선택한 것은 부서나 직군이 지원자의 능력을 적절하고 효과적으로 발휘할 수 있다고 판단했기 때문이다. 철저한 자기분석을 통해 직무를 선택한 과정을 밝혀야 한다. 회사의 선택이 지원자의 의견과 다를 수 있다고 생각하고 지원자 역시 본인 의견이 100% 정확하다고는 생각하지 않는다고 밝히면 사고의 유연성이 높다고 평가받는다.

조직의 선택을 존중하고 대화를 통한 타협점을 도출하면 좋지만, 신입사원은 모든 일이 생소하고 배울 것이 많아서 자신만의 의견을 고집하진 않을 것이라는 사고의 유연성을 보여줄 필요가 있다. 무조건 해당 부서로 가야겠다는 것은 면접관 성향에 따라 사고가 경직되어 있다는 생각을 심어 줄 수도 있다. 그런데 유연성보다 지원 부서를 이해하려는 열의가 더 중요하다.

주의할 점은 이런 업무/저런 업무든 상관없다는 답변은 절대 해서는 안 된다. "기업에서 원하는 것은 모든 분야를 잘할 수 있는 사람이 아니다"라고 다시금 강조한다. "아무거나 시켜만 주십시오."라는 사람을 보면 '이 친구는 다른 회사에 가서도 저렇게 말하겠구나!'라는 생각이 들어서 신뢰가 떨어진다.

동종 업종의 다른 기업에 지원했는가?

가장 빈번히 나오지만 중요한 질문이다. 대부분 기업에서 매번 물어보는 내용으로 면접관이 지원자의 선호를 가늠해 볼 수 있다. 오직 한 기업에만 지원했다는 답변과 기회가 오면 다른 기업에 지원해서 일하고 싶다고 솔직하게 답변하는 것이다. 참고할 만한 사례는 지원한 기업에 접수 번호가 1번이라는 점을 강조해서 합격한 경우도 있다. 지원자가 지원한 다른 회사가 한 곳도 없으면 능력 부족이라 판단할 수도 있다고 언급하는 인사담당자도 있다.

혹시 지원한 회사가 있는데도 불구하고 중복 지원이 염려되어 없다고 말하는 실수를 하지 말아야 한다. 더 바람직한 대답은 지원한 기업에 대한 관심, 열정을 표현하여 충분한 지원동기가 있음을 먼저 말하고 동종 업종의 기업도 좋은 회사라 생각해서 지원하겠다는 소신을 밝힐 수는 있다. '묻지마 지원자'는 탈락 1순위다. 추가적으로 "중복 합격일 경우 어떤 곳을 선택할 것인가"라는 질문을 받았을 때 적절한 답변을 할 수 있도록 준비한다.

입사를 위해 특별히 노력했던 점을 말씀해 보세요.

자신의 자질향상과 관련한 내용이 중요하다. 많은 지원자가 자격증,

영어 성적과 같은 스펙에 대한 언급을 많이 하지만 블라인드 채용에서 자신의 자질향상, 전공 능력, 경험, 열정을 나타낼 수 있는 것 등의 요소로 접근하는 것이 바람직하다. 단답형으로 자신이 노력했던 점을 언급하는 것이 아닌 그러한 노력이 어떤 직무에서 도움이 되는지에 초점을 맞춰 말해야 한다.

지원하신 직무에 대해 얼마나 이해하고 있는지 말씀해 보세요.

적극적인 면접을 위해서는 잘하는 것/하고 싶은 것을 설명해야 한다. 지원 분야에 어떠한 관심을 가지고 있는지, 그 분야에서 본인 역량을 어떻게 활용할 것인지는 중요하다. 지원 분야에 대한 정확한 정보를 바탕으로 업계 동향을 알고 있으면 유리하다.

부서와 직무를 지원하는 것은 입사를 위한 첫걸음이라고 할 수 있다. 비슷한 질문은 "지원 분야에 대해서 아는 것을 말하라"는 것이다. 자신이 지원한 직무에 대해 구체적으로 답변할 필요가 있다.

가장 쉽고도 잘 할 수 있는 방법은 자신의 강점과 지원 분야의 연관성을 설명하는 것이다. 자기분석이 잘 되어 있다면 충분히 직무에 대한 이해와 연결할 수 있다. 인사담당자는 직무별로 필요한 능력이 창의력보다 중요한 직무도 많다고 생각한다. 이에 자신의 강점과 직무와의 연관성은 매우 중요하다.

┃ 상사의 부당한 지시에 어떻게 대처할 것인가?

직장생활을 해보지 않은 신입 지원자는 이러한 질문에 당황할 수도 있다. 우선 그 일이 정말 부당한가를 판단하기도 어렵고 대처하는 방법도 모른다.

대부분 직장인들이 말하는 방법은 일단 그 지시를 제대로 이해했는지 확인해 보는 것이다. 제대로 이해했는지 자기를 먼저 돌봐야 하며 신중한 입장을 보여야 한다. 단순 의견 마찰일 수도 있고 규칙에는 어긋나지만 융통성 범위 내에서 해결할 수 있다. 부당하다는 생각이 들면 해당 상사와 상의해서 직접 해결하는 것이 가장 중요한데 직책 간 거리감이 있다고 판단하면 가장 가까운 선배와 상의할 필요가 있는데 이것을 팀워크라고 할 수 있다.

┃ 싫어하는 상급자나 동료와 어떻게 친해질 것인가?

직장생활뿐만이 아니라 일상을 살면서 반드시 자신과 코드가 일치하는 사람만 만날 수 있는 것은 아니다. 업무상 거리가 생길 수도 있으며 개인적으로 안 맞아서 또는 특정한 사연 때문에 거리가 멀어질 수도 있다. 하지만 이것은 조직에 부정적인 영향을 주며 개인도 직장생활에 부담이므로 빈번히 생기면서도 중요한 부분이다.

인성 검사에서도 스트레스에 대한 내성을 점검하고 있을 정도로 중요한 문제다. 원활한 조직의 목표 달성과 직장생활을 위해서 팀워크를 유지하는 것은 진단을 내리고 자신에게 문제가 없는지 확인할 필요가 있다.

업무평가라는 것이 있는데
상급자의 부당한 평가에 어떻게 대응할 것인가?

조직은 해마다 업무평가를 한다. 개인 실적을 반영하는 것인데 연봉 협상과 직결된다. 개인 실적을 상사가 평가하기엔 기준이 모호하다. 영업은 실적이 명확해 논란의 여지가 없다. 평가가 객관적이지 못하다면 업무평가에 대해서 이의를 제기할 수도 있다. 회사에서 발생하는 모든 문제는 대화와 협의 타협을 기본 원칙을 한다. 본인이 어떻게 정당한 평가를 받을 수 있을 것인가에 대한 고민이 필요하다.

타인과의 의견 충돌은 어떻게 조율할 것인가?

다양한 정보를 바탕으로 타인의 의견을 분석해보고 과연 자신이 타인(동료)의 의견(의도)을 제대로 이해하고 있는지를 되새겨야 한다. 자신의 의견에 대한 충분한 확신이 들었다면 대화를 통해 조율해야 하며 팀원 의견을 수렴해 최종 의견을 도출하는 것이 가장 이상적이다. 실제의 답변은 구체적인 예를 드는 것이 좋고 가능하면 창의적인 방법으로 접근하는 것이 좋다.

도덕적 해이에 대해 어떻게 대처할 것인가?

"구매팀에서 근무하는 사람이 매우 가까운 친인척 및 지인으로부터 제품 구매를 요청받았는데 품질이 규정치 이하이기 때문에 구매가 불가능할 경우 어떻게 대처할 것인가?"

회사 규정에 정말 어긋나는 것인지 확인해야 하며 과연 내가 내용을 제대로 이해하고 있는지 또는 지시를 올바르게 이해했는지 살펴야 한다. 주위의 선배에게 과연 이런 경우는 어떤 식으로 대응해야 하는지 팀워크를 이용해 해결해야 한다. "아무리 어려운 문제라도 선배들이 해결하지 못한 것을 보지 못했다"라고 말할 수 있다면 무조건 혼자 결정할 것이 아니라 반드시 팀의 협조를 받아야 한다.

팀워크를 키우는 방법을 말씀해 보세요.

팀워크는 아무리 강조해도 지나치지 않다. 조직 구성원 누구나 가장 중요하게 생각하는 것이 팀워크다. 신입사원으로서 제시할 수 있는 팀워크를 향상할 방법을 말할 수 있으면 좋다. 상상력을 동원하여 생각할 수도 있다. 이때 챗GPT는 창의적인 답변을 내놓을 수 있다. 많은 대화를 하는 등 개인 친밀도가 높아지는 활동이 서로 이해하는 데 도움이 된다. 조직도 이러한 면을 이해하기 때문에 회식비/동호회비 등을 지원하며 단합을 돕고 있다.

자신의 주장을 굽히지 않고 일을 진행하다 실패하면 대처 방안은 무엇인가?

회사란 개인의 역량과 팀워크가 적절히 조화되었을 경우 그 효과를 발휘한다. 조직의 결재를 통해 모든 의견이 반영되었기 때문에 근본적으로 실패의 책임을 개인에게 돌릴 수 없다. 하지만 결과에 대해서 때로는 책임질 때가 있을 것이며 그 실패한 프로젝트에 대한 확실한 마무리 작업이 필요하다. 더 나아가 새로운 프로젝트와 업무를 위한 새로운 준비이기도 하다. 자신의 의견을 고집하다 프로젝트가 실패했다면 그 원인을 철저히 분석하고 같은 실수를 하지 않는 것이 중요하다. 명확한 근거를 바탕으로 판단하여 진행한 일에 대해서 의기소침할 필요가 없다.

자신에게 적합하지 않은 일이 주어지면 어떻게 할 것인가?

직무 적합성을 고려하여 부서에 배치받지만 100% 해당 직무에 대한 이해를 바탕으로 지원할 수는 없다. 때에 따라서는 생각과는 다른 업무를 하는 부서에서 근무할 상황이 생길 수 있다. 순환 배치되는 직업이라면 자신에게 맞는 직무만 고를 수도 없고 적절한 부서에 배치받았다 하더라도 자신의 업무가 자신이 의도하지 않게 연결될 수도 있다.

회사란 어떤 곳이며 본인에게 어떤 의미를 가지는가?

대부분 지원자는 회사란 어떤 곳인지 잘 알지 못한다. 대학생이 회사에 대한 정보를 가질 수 있는 경우는 인턴이나 아르바이트 정도이다. 인턴은 그나마 많은 정보를 접할 수 있지만 아르바이트는 그만큼 도움이 안 될 수도 있다.

회사는 직업이라는 관점에서 살펴볼 수 있다. 사람은 누구나 생산적인 활동을 하며 경제적으로 보상되는 일에 종사하게 될 때 직업이라는 표현을 사용한다. 일반적으로 경제적 소득과 관련해 생산적 활동이 직업이며 직업과 마찬가지로 중요한 삶의 한 과정이고 삶의 현장이다. 회사는 이러한 목적을 가진 사람들이 모여 있는 곳이지만 이 조직에서 각자가 생각하는 것과 추구하는 것이 다르다. 조직의 목적과 개인의 목적이 반드시 100% 일치한다고도 할 수 없다. 그럼에도 불구하고 하나의 목적을 위해 모인 곳이 회사다. 이와 유사한 질문으로 "왜 취직을 하려고 하는가?"라는 질문이 있을 수 있다.

❘ 10년 후 회사에서 자신의 모습

지원자가 지원한 기업에 대해서 장기적인 계획을 세웠다면 10년 후 모습을 그려보았을 것이다. 그 모습이 궁금해서 면접관이 물어보는 것보다는 미래에 대한 확고한 신념이 있는가를 점검하기 위한 질문이다. 블라인드 면접 질문은 평가를 위한 것이며 미래에 대한 신념의 유무는 입사 의지 정도를 파악하는 데 유용하다. 추상적인 표현보다 상세한 단어와 내용으로 답변하는 것이 좋다.

❘ 회사에서 본인의 최종 목표/입사 후 포부

회사 생활을 통해 무엇을 얻을 것인가 하는 것에 대한 질문이다. 얼마나 인내심 있게 본인이 세운 목표와 신념을 향해서 사는지는 중요하다. 면접관은 신념과 목표의식을 가진 지원자를 선별하는 중요한 질문이라고 할 수 있다.

본인의 신념과 목표를 회사 생활과 연결해 구체적 답변을 하는 것이 좋다. 예를 들어, 조직에 헌신 또는 기여하겠다는 말보다 회사의 기술이나 정책과 연결해서 표현하면 더 명확하다. 입사 후 포부는 구체적으로 말하는 것이 좋으며 면접을 보는 지원자답게 당당하게 자기 생각을 밝히는 자세가 필요하다.

마지막으로 하고 싶은 말

지원자가 많이 활용하지 못하고 있는 것이 '끝으로 하고 싶은 말을 해보라'는 것이다. 우선 자신이 면접을 보면서 준비했던 내용 중에 제대로 전달하지 못했던 내용을 강조할 수 있다. 또는 회사에 성장 가능성, 비전, 사업 부문에 관련된 내용에 대한 의문점에 대해서 말하는 것도 가능하다. 오랜 시간 면접관에게 기회를 준 점에 대한 인사와 감사의 뜻을 전하는 것도 잊지 말아야 한다.

난생처음 면접을 봤을 때

면접을 처음 보면 왜 당황하는 것일까? 엄격하게 보이는 심사위원 때문인가? 아니면 다른 지원자와 비교하면서 자신감을 잃어버렸기 때문인가? 그럴 수도 있다. 그렇지만 분명한 이유는 스스로 면접에서 잘 할 수 있을 것이라는 믿음이 없었기 때문이다. 나를 스스로 잘 할 수 없다고 생각했고 그 결과 스스로 만들어낸 두려움 때문에 탈락한 것이다.

자존감이 없는 사람은 누구도 뽑지 않는다. 일을 잘하려면 스스로 자존감이 있어야 한다. 이런 경험은 어느 한 사람에게만 있는 것이 아니다. 면접을 잘 하기가 얼마나 어려운지 누구나 알고 있다. 그것은 겁나는 일이며 때로는 포기하는 것보다 더 두렵다. 그렇지만 면접관 앞에서 면접하는 기술만 체득하면, 방법만 알아내면 얼마든지 만족스럽게 면접할 수 있다. 그게 생각보다 쉬운 일이라는 것을 알면, 오히려 면접관 앞에서 당당하게 면접을 즐길 수도 있다.

훌륭한 면접은 타고나는가? 아니면 만들어지는가?

어떤 사람들은 처음부터 말하는 능력을 타고났고, 어떤 사람들은 살아가면서 타인과 대화하는 방법을 알기도 한다. 그러면 면접에서 말하기란 어떤가? 그것은 타고난 것인가? 면접은 단순히 말하는 것과 다르다. 면접은 스스로 느낌, 면접관 느낌에 따라 영향을 받는다.

훌륭한 면접은 만들어지는 것이며 면접 기법을 익히는 것도 다른 기술을 익히는 과정과 같다. 우선 방법을 알아야 하고 연습으로 기술을 연마해야 한다. 면접은 자동차 운전과 같다. 누구나 처음 운전할 때 서툴고 사고 나지 않을까 조마조마했던 기억이 있다. 그러다가 부드럽게 가속하고 감속하는 내 모습을 알 수 있었다. 그때부터 운전은 더 이상 기술이 아니었다.

면접관은 적이 아니다

면접관은 듣기만 해도 두렵고 초조해지는 단어다. 실제로 우리는 면접관에 대해 필요 이상의 두려움을 가지고 있다. 면접관이 나의 움직임을 주시하며 내 말 한마디에 귀 기울이고 있다고 생각하면 누구나 두렵고 긴장된다. 그렇지만 면접관은 나의 말에서 실수를 찾아내 협박하기 위해 자리에 앉아 있는 사람이 아니다. 면접관은 적이 아니다.

사실 면접관이라는 청중은 나의 편이다. 당신이 이야기하다가 실수하면 잠시 눈감아주고 계속하라고 외친다. 지원자가 매우 긴장한 것처럼 보여도 결코 그런 모습을 보이지 않는다. 면접관은 지원자의 이야기를 들어주기 위해서 그 자리에 있는 것이며 언제든 당신이 원하는 방향으로 들어줄 준비가 되어 있는 사람이다. 그때 지원자는 면접관이 헤매지 않도록 방향을 제시해주어야 한다.

▎무관심한 면접관을 같은 편으로 만들어라

면접관은 누구인가를 생각해 보고 어떤 사람으로 구성되어 있는지 알 수 있으면 면접관을 내 편으로 만들기 쉽다. 이를 다른 표현으로 벽을 무너뜨리는 과정이다. 지원자와 면접관의 벽을 허무는 단계를 지나면 지원자가 의도한 목표대로 말할 수 있다.

면접관을 깊이 끌어들일수록 벽은 더 빨리 허물어질 수 있다. 예를 들어, 논쟁을 벌이지 말기, 답할 수 있는 것만 말하기 등이다. 다만, 면접관 앞에서 하면 안 되는 것이 있다. 억지 농담, 연민 자극, 깜짝 놀라게 하거나 무섭게 만들기, 혼자서 말하기(혼잣말), 지루하게 이야기하기, 전문 용어나 약어 남발, 비교 대상이 없는 통계 자료 운운 등이다. 이렇게 면접관 앞에서 하지 말라는 것만 하지 않아도 벽을 허무는 데 도움이 된다.

▎신속하게 적응해서 일할 사람이라는 것을 보여주자

직무에 적합한 사람을 찾는 채용은 짧은 기간 내 일에 적응하고 추진할 수 있는 인재를 찾는 데 초점을 둔다. 인사담당자 기준에서는 해당 업무에 맞는 사람을 선발하려고 한다.

많은 경험과 자격증을 가지고 있더라도 지원하는 회사의 업무와 관련이 없다면 별로 쓸모가 없는 경우가 바로 블라인드 채용이다. 자신이 지원하는 업무와 관련 있는 자격증과 경력만 적어야 한다는 점에서 구직자는 처음부터 초점을 좁혀서 준비해야 한다. 이에 지원하려는 회사와 연관되는 일이 무엇인지 구체적으로 파악하고 준비해야 한다. 관심 있는 분야를 정하고 오래전부터 열심히 준비하고 경험을 쌓아야 기회를 잡을 수 있다. 달리 말하면, '한 우물 파기'로 하고 싶은 분야와 직간접적으로 관련 있는 경험을 쌓아서 지원해야 한다. 그렇기에 채용을 잘 준비하려면 시간이 필요하다.

지원하려는 곳에서 근무하거나 그와 유사한 직종에서 일하는 사람이 있다면 실질적 정보를 얻을 수 있다. 주변 사람에게 자신이 현재 구직 활동을 한다는 사실을 알리다 보면 의외의 정보를 얻기도 한다. 다른 사람에게 자신이 요새 무엇을 하고 있는지 말하지 않으면 가족이나 친한 친구도 모르는 경우가 많고 때를 놓친 다음에 '힌트'를 알아서 아쉬움을 느끼는 일도 있다. 일정 기간 꼼꼼하게 준비해야 하는 블라인드 채용은 '꾸준히 내가 무엇을 하고 있다'는 내용을 주변 사람에게 알리면 의외의 한마디를 들을 수 있다.

| 공감을 얻을 수 있는 말하기를 하자

사실적이거나 공감을 얻을 수 있는 경험은 읽는 사람에게 기억을 남길 수 있다. 특히, 성장 배경, 유년(학창) 시절, 자신의 성격, 인생에 영향을 주었던 사건이나 인물, 자신의 가치관(좌우명) 등을 미리 말할 수 있도록 준비한다면 인사담당자는 성격, 행동양식, 성향, 논리력 등을 짐작할 수 있다.

식상한 표현은 하나의 장식에 불과하다. 제일 빠지기 쉬운 잘못된 표현법 중의 하나는 장식적 수사에만 그치는 경우이다. 이런 면접 내용으로는 인사담당자에게도 환영받기 힘들다. 전문적인 용어나 개념을 사용하면 면접관이 불편하며 말하는 사람도 실수할 수 있다. 해당 직무에서 전문적인 용어와 개념을 사용해야 한다면 상관이 없지만, 일반적인 표현으로도 할 수 있는 말에서 굳이 전문성을 드러낼 이유는 없다.

면접 지원자의 실수로는 한 가지 부분만 얽매여 자신의 본래 장점을 못 드러내는 사람, 지나친 과장이나 미사여구로 진실성이 떨어지는 사람, 많은 경험을 나열만 하는 사람, 한 가지 질문에 여러 가지 답변을 동시에 적으려고 하는 사람 등으로 다양하다. 면접은 돌이켜보면 많은 실수가 있다. 그런데 사소한 실수로 탈락할 수 있다.

| 경험해야 역량이 생긴다

블라인드 채용은 경험, 경력, 자격에서 비롯된 역량을 중시한다. 역량을 잘 표현하는 방법으로는 질문의 의도에 먼저 답한 다음 중요한 것을 먼저 말해야 한다. 그다음 근거나 이유를 제시하는 순서로 하면 면접관이 판단하기가 편리하다.

구분	면접 유형	평가 초점
1차 면접	블라인드 면접	직무 중심 역량 (인사담당자와 외부 전문가)
2차 면접	조직 적합성과 인성 중심 면접	인성 중심 역량 (임원과 외부 전문가)

포지티브 vs 네거티브 면접

포지티브 면접은 최종 합격 인원보다 더 많이 뽑으며 일정한 조건이 갖추어지면 일단 선발하는 형태다. 지원자가 자격증, 경력, 경험 등이 갖추어지면 통과된다. 네거티브 면접은 불합격자를 가려내는 데 초점을 두며 최종 면접의 기준이다. 예를 들어, 조직문화에 적응할 수 있는지와 같이 지원자의 역량은 있지만 조직에서 채용하기 어려운 유형을 가려낼 수 있다.

블라인드 면접의 종류

일대일(단독) 면접	면접관 : 응시자 (개인 특성 파악)
개인 면접	다수의 면접관 : 응시자 (자기소개 요구, 조직문화에 융화 가능한가를 파악)
집단 면접	다수의 면접관 : 다수의 응시자 (선별)
토론 면접	4~5명당 주제 토론 (이해력, 협조성, 판단력, 표현력 등 파악)
프레젠테이션 면접	문제해결능력, 전문성, 창의성, 기본 실무 능력, 논리성 등 관찰

- **단독 면접**: 면접관과 응시자의 일대일 면접으로 소수 채용을 주로 하는 기업에서 많이 실시하며 인성 파악이 주요 목적이다.
- **개인 심층면접**: 다수의 면접관이 한 명의 지원자를 두고 주제에 대해 깊이 있는 질문을 끊임없이 이어간다. 성격, 지식, 가치관, 직업관 등을 확인하며 응시자들이 긴장하기 쉬운 면접 형태다.
- **집단 면접**: 다수의 면접관과 다수의 지원자가 참여하는 방식이다. 지원자의 비교 평가가 쉽고 자신에게 질문이 없을 때도 경청하는 자세를 유지해야 한다. 첫 질문에 1분 이내의 자기소개를 요구하므로 압축된 자기소개 준비가 필수다. 그 내용으로는 지원동기, 지원업무와 관련된 자신만의 강점, 특기, 관심 분야다.
- **집단 토론면접**: 다수의 지원자가 다수의 면접관 앞에서 제시된 주제 토론을 벌이는 방식으로 면접관은 ① 적극성 ② 의사소통 능력 ③ 대인관계 ④ 리더십 ⑤ 핵심 파악 ⑥ 논리력과 어휘력을 본다.

- 면접은 정답이 없다.
- 결론부터 이야기한다.
- 내 주장을 말하면서도 강요하지 않는다.
- 다른 응시자의 이론을 반박하지 않는다.
- 다른 응시자가 말할 때 끼어들지 않는다.
- 면접관을 부드럽게 응시한다.

┃ 프레젠테이션 면접

일정 주제를 놓고 발표하는 과정을 통해 발표력, 논리력, 설득력, 창의성, 의사소통 능력 등을 종합적으로 판단하는 것이 목적이다. 20~30분 정도의 발표 시간, 직무에 관한 지식이나 조직과 연관되는 시사성 있는 주제를 사전에 배부한다. 최대한 자신의 의견을 도표나 그래프로 설명한다. 정해진 시간을 충분히 사용하지만 초과하면 안 된다. 문제 제기는 명료하게, 자신감 있는 목소리로 말한다.

흔히 면접만 잘 보면 합격이고 개성 넘치는 사람이 점수가 높다고 생각한다. 면접은 필요 없는 사람을 떨어뜨리는 과정이며 조직은 의외로 보수적 성향이 강하며 진지하게 표현하는 사람을 좋아한다.

- 전공 주제와 문제해결 주제(두 가지 형태)
- A4 3장 분량
- 준비시간: 40~60분
- 발표: 15분(5~10분 발표, 5분 질문)
- 내용
  1. 현재 미래의 조직의 상황
  2. 현재 당면한 가장 중요한 업무 영역
  3. 대안 제시 발표

토론엔 정답이 없다. 논리를 잘 구성하는 게 중요하다. 프레젠테이션 때 틀린 부분이 있었는데 우기지 않고 그 부분을 솔직히 인정했더니 오히려 좋은 결과가 있었다. 집단토론에선 독선적 주장보다 인정하는 게 낫다. 실무 지식 없으면 프레젠테이션으로 면접하기 힘들다. 토론 면접 땐 시사 주제가 나오나 최근 이슈만 나오는 건 아니다. 집단토론에선 논리적 의견 전개가 중요하다.

| 압박 면접

일부러 난처하게 유도하는 면접으로 순발력과 스트레스 내성을 살펴보는 데 도움이 된다. 오직 면접에 따라 합격이 결정되며 질문에 대한 답변을 듣고 그에 대한 구체적인 질문을 이어간다. 후속 질문이 계속 이어지므로 적당하게 꾸민 이야기는 금방 들킨다. 이렇게 후속 질문은 압박 면접과 다소 차이가 있다. 압박 면접은 일부러 지원자를 난처하게 몰아가서 상황 대처 능력을 보려고 하는 것이다.

- 몇 번째 면접인가?
- 지금까지 여러 곳을 지원했는데 왜 떨어졌나?
- 자기소개서에 쓴 경력이 다양한데 혹시 한 가지에 집중을 못 하는 것이 아닌가?
- 당신에게 맞는 회사는 여기가 아니라 다른 곳이 아닐까요?
- 우리 회사에서 희망하는 연봉을 드릴 수 없다면 어떻게 하겠는가?
- 입사하고 여기서 몇 년 정도 근무할 생각입니까?
- 채용이 안 되면 어떻게 할 겁니까?
- 전혀 경험도 없고 어려운 많은 일을 내일 오전까지 해야 할 경우 어떻게 하겠습니까?

✓ 질문 예시

• 우리 회사의 직원이라면 누구든지 화나거나 흥분하거나 격노한 고객을 만나게 됩니다. 자신이 겪었던 최악의 상황에 대해 말해보세요.

- 자신이 부도덕하다고 생각한 일을 하도록 지시받았던 경우에 대해 말해보세요.
- 업무 중에 스트레스에 대처해야 했던 경우에 대해 말해보세요. 스트레스를 받는 상황에 제대로 대처하지 못했던 경우에 대해 말해보세요.
- 가치관이나 신념이 서로 다른 사람들과 함께 문제를 처리했던 일에 대해 말해보세요.
- 처리할 업무가 너무 많아서 우선순위를 정해야 했던 경우에 대해 말해보세요.
- 자신이 경험했던 까다로운 문제와 그 문제를 해결한 방법의 사례에 대해 말해보세요.

질문 유형 패턴 예시1

- 어떤 역량에 대한 행동경험인가요?
- 어떤 상황이었습니까?
- 구체적으로 당신의 과업은 무엇이었습니까?
- 당신은 어떤 행동을 했습니까?
- 그 결과는 어땠습니까?
- 이러한 경험을 통해 무엇을 배웠습니까?

질문 유형 패턴 예시2

- 언제, 누구와 그 과제를 수행하였습니까?

- 가장 성공적으로 수행했다는 근거는 무엇입니까?
- 당신이 구체적으로 맡은 역할은 무엇이었습니까?
- 성공적인 결과를 성취하기 위해 실제로 당신이 주도적으로 기여한 부분은 무엇입니까?
- 어려움이나 난관은 없었습니까?
- 그 때 가졌던 생각은 무엇입니까?
- 그 경험을 통해 무엇을 배울 수 있었습니까?

질문 유형 패턴 예시3

- 그렇게 행동하는 이유는 무엇입니까?
- 가장 중요하게 고려한 요소는 무엇입니까?
- 팀 프로젝트 해결을 위해 가장 중요한 요소는 무엇이라 생각하십니까?
- 갈등을 해결하기 위해 어떤 방법을 사용할 수 있습니까?

면접 평가표에 맞춰 준비하라

면접관도 기억에만 의지하면 질문을 빠뜨리거나 정확한 평가를 하지 못한다. 과거에는 느낌이나 경험에 의지한 면접을 진행했고 면접관마다 질문과 태도의 차이가 심했다. 그렇지만 이제 면접은 평가표 자체가 구체적이며 사실적 항목을 측정하도록 구성되어 있다. 직무역량 질문이라면 아래 질문에 따라 표와 같은 기준에 따라 채점한다.

- 직무역량에 도움이 될 수 있는 경험은 무엇입니까?

– 직무에 필요한 역량은 무엇이라고 생각하며 그 역량의 관점에서 자신
을 평가하시오.

– 직무역량에서 다른 사람과 비교해서 자신 있는 것은 어떤 부분인가?

실무 직무역량 평가범주	직무경험	경험(동아리 등) 가운데 새로운 아이디어를 제안한 경험이 있으면 말씀해 보세요.	등급 (1~5)
	창의성/ 기획력	말씀하신 활동 중에서 어떤 점이 창의적이었 고 구체적으로 기획했습니까?	
	직무수준	지원자 개인의 지식과 기술 수준을 말씀해 보 세요.	
	환경분석	현재 우리 업계의 현황, 전망, 본인의 방향을 말씀해 보세요.	
	기술수준	자격증을 취득한 이유와 그것을 경험이나 경 력에 활용한 적이 있는지를 말씀해 보세요.	

채점 참고) 경력자는 직무 수행, 신입자는 학교 활동 중심으로 질문해서 채점

면접관의 평가지표 유형

기업이나 기관에서 직무에 적합한 인재를 선발하는 데 평가의 타당
도는 중요하다.

1. 인지 평가: 무엇을 알고 있는지를 평가한다. 필기시험, 단답형 구술
   시험이 해당된다.
2. 행동 평가: 과거 행동을 기준으로 하다. 자기소개서를 바탕으로 과거
   행동과 면접장에서 나타나는 행동을 비교한다.
3. 인물 평가: 자세, 음성 등에서 부정적인 단서를 찾는 데 집중한다.

과거 대기업을 중심으로 개별 면접에서 학력, 거주지가 가려진 상황에서 이루어지거나 집단 면접에서 지원자에 대한 사전 자료 없이 면접하고 있다. 단계별로 팀장급부터 임원급까지 면접위원으로 참여하고 있다. 특히, 역량 중심 면접은 구조화된 면접 기법을 동원하는데 가치관, 품성, 조직 적응력을 평가한다. 첫 질문은 개방적으로 시작해서 점차 깊이 있고 범위를 좁혀서 잠재 역량을 평가하는 것이다.

영역별 면접 구성

영역	면접대상	면접관	시간	관찰
집단 면접	3~7명	차장, 과장	90분	집단에서 개인 능력을 어떻게 발휘하는지 중점적 파악 (문제해결력, 협력 정도, 의사소통능력)
사례 인터뷰	1명	팀장	120분	문제 핵심 파악 능력, 논리적 분석력, 직무 이해도, 표현력을 검증 (특정한 문제를 제시하고 답변 청취)
직무능력 확인		과장	60분	직무에 관련된 간략한 기획서 작성

직무역량 평가 항목

평가항목	핵심요소	질문	모범답변	평가기준
직무역량	문제 해결	첫 질문 후속 질문	질문에 따라 여러 모범 답변이 있을 수 있음.	최우수 우수 보통 부적격 탈락

신뢰 영역 평가요소

구분	평가요소	평가 점수 (A, B, C, D, F 등급)	착안점
신뢰	성실성		책임감(준비성) 원칙준수(면접 원칙 준수) 투명성(정직성)
	친근감		고객지향사고 (정확한 고객 요구 파악) 타인 배려(예의 바르게 행동) 협동성(조직구성원 장점 인정)

면접 평가표

항목	질문	등급	점수
표현력 (25점)	음성과 시선 처리 등 발표기술이 우수한가? 배정 시간을 준수했는가?	상 중 하 상 중 하	
창의성 (25점)	본인만의 아이디어로 말하는가? 유연하고 참신한 생각인가?	상 중 하 상 중 하	
적극성 (25점)	진지하고 열정적인 자세가? 설득력과 호소력이 있는가?	상 중 하 상 중 하	
전문지식 (25점)	직무를 정확하게 이해하고 있는가? 논리적으로 경험과 경력을 설명하는가?	상 중 하 상 중 하	
종합평가의견 (100점)			

 직무 전문성 평가지표

| 단계

· 업무에 필요한 기초 용어를 알고 있다.

· 직무에 관련된 지식, 최근의 정책, 관행 및 규칙에 대해 기초적 지
  식을 갖추고 있다.

- 제한된 자원을 활용하여 스스로 실무를 진행한다.
- 장애를 사전에 예방할 수는 없으나 장애에 대한 조치를 마련할 수 있다.

II 단계

- 담당 업무 이행에 있어 결과를 예측하며 실행 가능한 대안을 제시한다.
- 시행함에 있어 생길 수 있는 장애물을 예측하고, 우발적 사태에 대한 조치 및 대응책을 마련한다.
- 구체적 실무를 혼자서 독자적으로 처리 가능하다.
- 업무수행과정에서 발생하는 불만 처리에 대한 전문지식과 Know-how를 가지고 있다.

III 단계

- 담당 업무와 관련된 실행전략을 수립하고, 관련 담당자들을 교육/조언하여 육성할 수 있다.
- 시장상황, 외부환경, 경쟁자에 관한 정보 등 관련 지식을 활용하여 새롭고 독창적인 실행전략을 개발한다.
- 자신의 분야/직무에 뛰어난 이해와 더불어 다른 직무에 대한 상급의 지식을 갖추고 있다. 지속적인 자기계발을 통해 최고의 전문성을 갖추며 탁월한 성과를 창출한다.

✅ 팀워크 평가지표

I 단계

- 조직의 목표와 자신의 목표를 연계하여 업무를 수행하지 않는다.
- 팀 미팅/과제에 참여한다.
- 팀의 최종 결정사항이 자신의 입장을 충분히 반영하지 않을지라도 우선은 그 결정에 따른다.

II 단계

- 동료가 필요로 할 때 업무와 관련된 유용한 정보 및 자료를 공유하며 적극 지원한다.
- 조직의 목표가 정해지면 자신의 뜻과 상이하더라도 적극 참여한다.
- 팀 구성원 전체의 의사를 적극 반영해서 의사결정 한다.
- 다양한 스타일이나 배경을 가진 사람들을 이해하며 공감대를 형성하여 일한다.
- 조직원의 전문지식이나 조직에의 공헌을 인정하고 배우려 노력한다.

III 단계

- 타인의 의견을 존중하며 찬동, 칭찬하는 분위기를 만들어 온화한 조직문화를 형성한다.
- 조직의 일체감 형성을 위한 의사소통을 주도하고 적극적으로 참여한다.

- 팀 분위기를 잘 조정함으로써 나와 우리의 목표를 함께 달성하도록 의욕을 부추긴다.
- 동료들이 도움을 도와달라고 말하기 전에 솔선수범하여 동료들에게 도움을 준다.
- 직장(조직) 밖에서도 팀원들의 결속력을 증진하기 위해서 노력한다.

✔ 조직몰입/헌신 평가지표

I 단계
- 문제가 발생하였음에도 불구하고 스스로 나서서 해결하려는 자세가 부족하다.
- 구성원들이 회사에 대해 불평을 하면 회사의 입장에서 대변한다.

II 단계
- 자신의 이익보다는 조직의 요구에 부응하도록 노력한다.
- 본인의 일이 아니더라도, 조직에 필요한 일이라면 적극적으로 나선다.

III 단계
- 자신보다 남을 먼저 배려하고 존중하며 더불어 사는 이치를 깨달아 늘 실천한다.
- 조직 전체를 위해 자신의 조직뿐만 아니라 타 부서까지 동참하게 하여 경쟁력을 향상시킨다.

- 어려운 상황에서 고객과의 약속을 충실하고 성실하게 완수해 조직의 신뢰도를 높인다.

✔️ 의사소통 평가지표

I 단계

- 타인의 의견을 경청하고 이해하며, 본인의 의견/생각을 무난하게 전달할 수 있다.
- 대화/답변 도중 핵심에서 벗어난 내용이 종종 있으나 대화를 이어나갈 수 있다.

II 단계

- 상황에 따라 개념적인 것에서부터 상세내용까지 전달내용의 수준을 유연하게 조절한다.
- 대화 도중 적절한 질문이나 반문을 통하여 전달 내용에 대한 본인의 이해도를 높이고 요점을 파악한다.

III 단계

- 상대의 관심을 불러일으킬 수 있는 사실이나 정보, 예시들을 잘 활용하고, 추가적인 정보를 도출하기 위해 적절한 질문을 한다.
- 자유롭게 의견을 나눌 수 있는 분위기를 조성하며, 복잡하고 민감한 사안에 대하여 전문적인 방법을 활용하여 의사소통을 할 수 있다.

✅ 혁신 평가 지표

I 단계

- 현재의 Process를 개선하기 위하여 적절한 정보를 활용한다.
- 자신의 업무활동에 일반적인 문제해결방안을 확인하고 적용한다.
- 조직의 사업성장을 이끌 수 있는 새로운 방안을 탐색한다.

II 단계

- 새로운 방안 및 대처 방안 또는 해결안 등을 실행하고 발생할 수 있는 영향력을 확인한다.
- 새로운 문제해결방안을 개발하며, 알려져 있는 일반적인 방법들을 통합 또는 결합하여 활용한다.
- 최선의 방책과 다른 기법들을 이용하여 혁신적 사고를 촉진하고 기능 개선을 위하여 기법 등을 만들어낸다.

III 단계

- 복잡한 문제, 상황, 기회들에 대한 새로운 대안과 접근방법을 공식화하고, 새로운 방법의 영향력과 부가가치를 예측/평가할 수 있다.
- 사업의 성장과 이익을 위한 기회들을 확인·분석·촉진한다.
- 사업을 성장시키거나 이익을 증대시킬 수 있는 새로운 방법을 촉진하도록 이끌며 조직 전체의 혁신을 전파할 수 있는 기법을 만든다.
- 실패를 두려워하지 않으며 끊임없이 혁신을 주도한다.

✓ 공통역량 파악하기

영역	항목	그렇지 않은 편	다소 그런 편임	매우 그런 편임	합계
1	윤리적 딜레마가 생길 경우 나의 이해관계보다 규범을 따른다.				
	자신이 속한 집단의 기준에 맞춰 가치와 원칙을 추구한다.				
	불리한 입장에 서더라도 올바른 가치와 신념을 고수한다.				
	비윤리적이거나 부당한 결정에 이의를 제기한다.				
	구체적인 윤리규범을 만들고 이를 준수한다.				
2	수치나 계량으로 이루어진 자료에 익숙하다.				
	계산 관련 활동에 익숙하고 정확하다.				
	수치화된 자료를 다루는 일에서 실수하지 않는다.				
	수치화된 자료 등으로부터 어떤 내용을 분석하고 그것을 통해 결론을 내는 것을 잘 한다.				
	숫자로 구성된 자료를 논리적으로 확인하고 관련 사항을 수행한다.				
3	스스로 목표를 설정하고 그것을 달성하려는 욕구가 강하다.				
	나의 관련 전공 및 업종의 환경 변화에 관심이 많고 앞으로 어떻게 변화되어야 할지에 대해서도 의견과 생각이 있는 경우가 많다.				
	목표를 달성하기 위해 활용이 가능한 자원을 파악하고 동원하여 원하는 것을 성취하는 편이다.				
	나는 목표를 세울 때 나의 목표가 내가 속한 집단이나 다른 사람들의 목표와도 관련성이 있도록 설정한다.				
	목표를 달성하기 위해 해야 할 일과 구체적인 과정 및 단계, 시기 등을 포함하여 계획을 상세하게 작성하는 편이다.				
4	계층이나 나이, 전공, 업종, 지역 등을 가리지 않고 폭넓게 인간관계를 형성하는 편이며, 그들의 협조도 쉽게 끌어낼 수 있다.				
	내가 한 말과 행동을 잘 지키려고 하며 다른 사람들의 생각도 믿고 신뢰하는 편이다.				
	과제나 업무 등 공식적인 관계뿐만 아니라 그 외적인 사항들에도 관심을 갖고 다른 사람과 관계를 형성한다.				

4	내가 속한 집단 안팎의 사람들과 두루 관계를 형성하며, 협조가 필요한 상황이 될 때 그들에게 도움을 요청한다.			
	다른 사람들 입장에서 생각하고 배려하려고 노력하며, 불평이나 갈등을 삼가하여 긍정적 대인관계 이미지를 형성하고 있다.			
5	함께 과제나 업무를 수행하는 팀원이 제대로 일을 하기 어려운 상황에 있다면 나의 능력 내에서 적극적으로 도움을 준다.			
	팀원들과 협력하며 과제나 업무를 처리한다.			
	팀원과 불화를 일으키지 않고, 갈등이 발생해도 신속히 해결한다.			
	팀을 위해 일정 부분 내가 희생하거나 손해 볼 수 있다.			
	팀원들과 친밀하고 협력적인 관계를 갖는다.			
6	내가 속한 집단에 대한 자긍심을 갖고 생활한다.			
	나의 행동이 내가 속한 집단에 영향을 끼칠 수 있다는 생각을 갖는다.			
	나는 개인적인 것보다 집단 전체의 이익과 결과를 우선시한다.			
	내가 속한 집단의 역할, 기능 등에 대해 정확히 이해하고자 노력한다.			
	내가 속한 집단이 발전할 수 있도록 건설적인 대안을 제시한다.			
7	문제가 발생하면 신속하게 대처한다.			
	문제가 발생하면 근본적인 원인부터 찾으려고 한다.			
	어떤 문제를 해결할 때 기대되는 효과를 떠올리고 진행한다.			
	한번 발생했던 문제는 철저히 파악하여 두 번 다시 일어나지 않게 하려고 한다.			
	일단 해결된 문제라도 원인이나 이유를 파악하여 유사한 상황에 대처할 수 있도록 준비한다.			
8	곤란한 일이라도 위험을 감수하고서 시도하는 편이다.			
	어렵거나 실패 가능성이 높더라도 잘 포기하지 않고 일단 해 본다.			
	하고 있는 일에 대해 매우 몰입하는 편이며 그것이 끝나면 곧바로 다른 할 일을 찾아 시작한다.			
	지금까지 해보지 않았거나 남이 잘 하지 않는 새로운 일을 하는 것을 좋아하는 편이다.			
	변화를 위해 나뿐만 아니라 관계된 사람들이 행할 수 있도록 구체적으로 실천해야 할 사항과 향후 결과 등을 계획한다.			

	과제나 업무에 필요한 지식, 기술이 변화되면 즉시 파악 및 반영한다.			
	현재 속한 전공이나 진출하고자 하는 분야와 관련된 사항이나 정보 및 기술 등과 관련된 동향 정보를 파악하고 있다.			
9	과제나 업무 수행과 관련하여 새롭게 대두되는 방식을 적용하고 그것을 익히려고 한다.			
	과제나 업무와 관련하여 나의 경험을 다른 사람들에게도 공유하여 알려주고 개선될 수 있도록 피드백을 받는다.			
	나 개인은 물론 내가 속한 집단이 더 좋은 방향으로 갈 수 있도록 자기계발 활동에 참여하고 그 과정이나 결과에 기여한다.			
	뉴스나 서적, 미디어 등을 통해 국제적 이슈를 지속적으로 파악한다.			
	평상시 다른 나라의 환경이나 동향에 관심을 가지고 있다.			
10	다양한 문화 및 나라의 이슈, 상이한 관점 등 이해하고자 노력한다.			
	나의 전공 또는 진출희망 분야의 국제적 상황에 대해 알고 있다.			
	외국인과 문서 또는 언어로 효과적인 의사소통을 할 수 있다.			
	다양한 분석 방법을 통해 어떤 사안의 타당성을 파악한다.			
	다양한 정보 속에서 필요하고 중요한 정보를 찾아내어 활용한다.			
11	전산시스템의 활용이 능숙하여 신속한 업무처리를 할 수 있다.			
	정보를 체계적으로 전자문서로 기록생성 및 저장하고 관리한다.			
	나의 전공 또는 진출희망 분야와 관련한 컴퓨터 소프트웨어 및 IT 관련 기능을 효과적으로 다루고 활용한다.			
	다른 사람의 의견을 잘 듣고 대응하는 능력이 뛰어난 편이다.			
12	나의 의사를 전달하고 협의할 때 상대방의 특성을 잘 파악하여 상대방의 입장에서 말하고 잘 수용하게 한다.			
	회의 등에서 다양한 정보를 주고 받을 때 나와 상대방 모두에게 서로 도움이 되는 방향으로 공유한다.			

다른 사람에게 내가 생각하거나 뜻한 바를 빠르고 효과적이며 오해가 없도록 잘 전달한다.			
상대방의 입장을 고려하여 상대방의 기분이나 이익에 무리가 없도록 나의 생각과 의견을 전달하여 전반적으로 우호적인 집단 분위기 형성에 기여한다.			

* 그렇지 않은 편 : 1점, 다소 그런 편 : 2점, 매우 그런 편 : 3점

✅ 면접 운영 방법

분류 차원	구조화 정도
직무분석 기초	높음: 실제 있었던 사건을 근거로 질문 낮음: 면접관 직관이나 즉흥 질문
질문 동질성	높음: 동일 질문, 동일 순서대로 할 것 낮음: 본질적으로 내용은 같은데 면접관이 유연성을 발휘해 질문
추가 질문	높음: 추가 질문은 되도록 삼가(이미 정해진대로 진행) 낮음: 무제한 추가 질문

✅ 역량 평가표

구분	항목	정의	등급
공통 역량	문제해결력 (25점)	문제 상황을 신속 정확하게 파악하고 해결하는 능력	탁월 우수 무난 미흡 부진
	업무조정력 (20점)	다양한 부서 이해가 얽힌 사안에 대해서 조직 전체 이익을 확인하고 조율하는 능력	
	협상력(15점)	상대편으로부터 합리적이고 적절한 합의점을 도출해서 상호 동의하도록 유도하는 능력	
전문 역량	분석력(20점)	복잡한 자료의 특징을 찾고 설명할 수 있는 능력	
	의사소통력 (20점)	개인의 아이디어나 정보가 조직에 공유될 수 있도록 표현하는 능력	
계	100점		

블라인드 역량평가 질문

구분	항목	질문
공통 역량	문제해결력 (25점)	지금까지 결정 중에서 최악인 사례를 설명하고 그것을 어떻게 해결했는지 설명하시오.
	업무조정력 (20점)	A 업무가 주어졌는데 예상치 못한 문제가 발생했습니다. 어떻게 해결하겠습니까?
	협상력(15점)	협상에서 실패한 경험이 있습니까? 다시 협상한다면 어떻게 하시겠습니까?
전문 역량	분석력(20점)	고객 현황과 현재 진행되는 서비스를 살펴보고 특징을 찾으세요.
	의사소통력 (20점)	다른 사람이 당신의 아이디어를 정면으로 반박한다면 어떻게 대처하시겠습니까?

 상황 면접과 경험 면접 질문과 채점 기준

면접 유형	상황개요	문항 번호	문항별 질문
상황 면접	[상황] 공단의 비전(Vision)은 "국민과 함께하는 산업재해예방 중심-전문기관"입니다.	질문 1.	당신이 우리 공단의 대변인이라면 우리 공단의 비전을 어떻게 설명하겠습니까?
경험 면접	*대안질문: 지원자가 위의 질문에 답을 하지 못할 경우 본 질문을 활용해 주십시오.	질문 2.	학교의 규칙이나 제도 중에서 불합리하다고 느껴본 경험이 있었습니까?
		질문 2-1.	불합리하다고 느껴지는 점은 무엇이었고, 그 이유는 무엇이었습니까?
		질문 2-2.	그 상황에서 당신이 한 행동은 무엇이었고, 그 결과는 어떠했습니까?
		질문 2-3.	그러한 경험을 통해 당신이 배운 것은 무엇입니까?
		질문 3. (대안 질문)	당신은 자신이 속한 공동체의 규칙이나 규범을 잘 지키는 편입니까? 그것을 잘 보여 줄 수 있는 사례를 말해주시기 바랍니다.
		질문 3-1.	규칙이나 규범을 지키기 위해 어떤 것을 포기하거나 희생해야 했습니까?
		질문 3-2.	규칙이나 규범을 지키려는 자신의 노력이 공동체에 어떤 기여를 했다고 생각합니까?

1번 문항 채점 기준

척도	내용
5점	공단의 비전에 대해 정확하게 알고 있을 뿐만 아니라, 공단의 비전이 사회에 어떤 영향을 미칠 수 있는지(비전달성의 필요성)를 논리적으로 설명
4점	공단의 비전을 정확하게 설명하나, 공단의 비전이 가지고 있는 의미에 대한 언급은 미흡함
3점	공단의 비전을 자신의 말로 설명할 수 있으나, 유창하게 설명하지는 못함
2점	문제에 제시된 공단의 비전을 그대로 반복하여 말하는 정도에 그침
1점	아무 대답도 못 하거나, 질문의 의도에 맞는 대답을 하지 못함

2~3번 문항 채점 기준

척도	내용
5점	공동체 내의 규칙이나 규범의 중요성 및 필요성에 대해 잘 알고 있으며, 자신에게 불이익이 있거나, 그것이 불합리한 것이라고 생각되더라도 조직의 발전을 위해 규칙을 지키려고 노력하는 모습이 관찰됨
4점	공동체 내의 규칙이나 규범의 중요성 및 필요성에 대해 잘 알고 있으며, 자신에게 피해가 되지 않는 범위 내에서 규칙이나 규범을 따르려고 함
3점	공동체 내의 규칙이나 규범의 중요성 및 필요성에 대한 인식은 다소 미흡하며, 공동체의 규칙이나 규범을 지키려는 노력이 다소 미흡함
2점	막연하게 학교나 자신의 속한 공동체의 규칙이나 규범을 지키는 것이 중요하다고 생각한다고 이야가 한, 관련된 경험이나 그렇게 생각하는 이유는 구체적으로 설명하지 못함
1점	아무 대답도 못 하거나, 질문의 의도에 맞는 대답을 하지 못함

실무 면접 역량평가 유형과 정의

	유형	정의
1	윤리의식	직업적/개인적 윤리의식이 높고, 사회적/조직적 가치관과 일치하는 도덕적 판단력에 따라 행동한다.
2	수리능력	수리 및 계량적인 자료에 친숙하고 수리 계산이 빠르며, 효과적으로 정리, 관리한다.
3	목표의식	매사 목표달성을 위해 구체적인 계획을 수립하여 체계적으로 노력한다.
4	대인관계형성력	조직 내외의 여러 이해관계자와 신뢰할 수 있는 관계를 형성하여 자신 혹은 회사에 긍정적 영향을 미치도록 한다.
5	팀워크	팀 내 구성원들이 하나가 되어 긍정적인 조직문화를 구축하고 이를 통해 다양한 곳에서 높은 성과를 낸다.
6	조직이해능력	공동체 의식을 바탕으로 조직에 대한 높은 자부심과 충성심을 갖고, 조직의 상황을 정확히 이해한다.
7	문제해결능력	특정한 문제에 대한 원인을 정확히 파악하여 해결하고, 이에 대한 재발방지책까지 마련한다.
8	도전정신	어렵고 힘든 일이라도 실패를 두려워하지 않고 도전하여 목표를 성취하고 이전과 다른 새로운 대안을 제시한다.
9	자기계발	자신의 분야에서 최고를 지향하며 꾸준히 자신의 역량을 개발하려 노력한다.
10	글로벌 마인드	타 문화권에 대한 심층적인 이해를 바탕으로 외국인과 원활하게 업무를 수행하며, 국제정세의 변화에 유연하게 대처한다.
11	정보기술 활용능력	컴퓨터를 능숙하게 활용하여 업무를 효과적이고 효율적으로 처리한다.
12	커뮤니케이션	상대방이 말하고자 하는 것을 정확히 파악하고, 내가 말하고자 하는 것을 정확히 전달하여 타인과 효과적으로 소통한다.

✅ 인재상 평가표

인재상	개인 능력 평가 (기초 직무수행능력 중심)	조직 적합성 평가 (인성과 적응력 중심)
자율성(능동)	A, B, C, D, F	A, B, C, D, F
전문성(지식)	A, B, C, D, F	A, B, C, D, F
창조성 (아이디어)	A, B, C, D, F	A, B, C, D, F
적응성 (조직 적응)	A, B, C, D, F	A, B, C, D, F
종합점수	개인 발표 (20분 이내, 팀장급 면접관 5명 이내)	집단 면접 (60분 이내, 임원급 5명 이내)

직군별 면접 방식이 다양하므로 직무에 적합한 사람이 아니면 면접에서 좋은 결과를 얻기가 힘들다. 특히, 팀장급이 아닌 대리급 등 젊은 직원까지 면접관으로 참석한다는 점에서 실제 일을 할 수 있는지 더욱 현실적으로 알아낼 수 있다. 응답할 때는 면접관이 알아듣기 쉽게 한다. 특히, 면접관 반응에 대해 긍정하거나 부정하는 모습은 삼간다. 면접관이 회사나 기관에 대한 설명이나 소개한다면 그와 연관해 직무능력을 표현하는 것이 좋다.

✅ 면접 단계별 측정 역량 평가표

구분		1차 면접 (주제 발표)	2차 면접 (심층 면접)	3차 면접 (인물 면접)
주요내용		사전 준비(30분) 발표(5분) 질의응답(5분)	과거 행동(자기소개서 기반) 경험과 경력 확인(20분)	조직 문화 적응 여부 판단, 적극성(성실성) 점검(30분)
측정 역량	업무 적합성	O	O	O

측정 역량	성실성	O		O
	기획력		O	
	의사 소통력	O		O
	창의력		O	
	윤리 의식		O	O

면접은 뛰어난 사람보다 회사에 얼마나 적합한 사람인지를 중시하는 경향이 강하다. 탁월한 업적을 이루는 것도 중요하지만 조직적 역량을 발휘해서 회사에 기여할 수 있는지가 중요하다. 이에 지원자의 창의성, 적극성, 성실성, 역량 등에 주안점을 두고 있다. 특히, 역량은 지원자의 경험과 경력 질문으로 실무 능력이 있는지를 파악한다. 실무 능력은 직무 적합성과 일치하며 심층 질의응답으로 20~60분 정도 진행되며 집단 면접인 경우는 지원자끼리 토론을 해서 문제를 해결하는 방식으로 운영한다. 문제는 실제 있었던 상황이나 사건을 제시해 어떤 방식으로 해결할지 도출하는 과정을 면접관이 지켜본다.

✅ 상황–직무–적응 면접 질문과 평가 점수

상황 면접	당신이 불가피한 사정으로 중요한 회의에 참석을 못 하면 어떻게 대처하겠습니까?	
직무 면접	저를 설득해서 앞에 있는 물건을 판매하기 바랍니다.	적합한 답변 : 5점 일부 적합 : 2~4점 잘못된 답변(무응답) : 0점
적응 면접	적어도 한 달에 4번 이상 출장을 다녀야 하고 야간에 이동하는 경우도 많습니다. 이럴 때 어떤 점이 당신에게 문제가 되리라 고 생각하십니까?	

창의성 평가요소, 질문, 기준

평가요소 : 창의성(독창적이고 유용한 아이디어를 낼 수 있는 능력)
평가척도 : 우수-보통-미흡 / 판단불가(응답이 창의성 영역에 해당이 없음)

질문 : 경기 불황에서 어떤 사업을 펼쳐야 성공할 수 있다고 생각하는가?
　　추가질문 1) 왜 그런 생각을 하는지 더 자세히 말씀해주십시오.
　　추가질문 2) 예상할 수 있는 외부 장애요소는 무엇이 있겠습니까?
　　추가질문 3) 말씀하신 사업이 우리 회사에 어떤 파급효과를 주겠습니까?

평가기준 : 독창성(일반적이지 않은 정도), 유용성(현실적으로 도움이 되는 정도)
　　* 독창적이지만 유용하지 못하거나 유용하지만 독창성이 없으면 적합한 응답이 아니
　　　라고 판단

 면접 단계별 측정 역량 평가표

	정의	유용성
Biographical Question	• 지원자의 이력서 내용을 중심으로 가족관계, 학교, 취미 등 지원자의 생활을 알아보는 질문	• 과거 사건이 특정 역량과 관련되어 있을 때 유용 • 경험기반 질문을 세련되게 할 때 사용 가능
Experience-based Question	• '과거 유사한 상황에서의 행동이 미래 행동의 가장 좋은 예인'이라는 가정, 현재의 업무와 유사한 과거의 행동을 알아보는 질문	• 과거 경험과 미래 상황과의 유사성이 클수록 높은 예측력 • 구체적인 사실을 얻어낼수록 신뢰도 상승
Situational Question	• 발생 가능한 직무 관련 상황에서 행동 의지나 선호를 통해 역량을 검증하는 질문	• 과거 유사 경험이 없는 경우 유용 • 일반화에 취약
Brainteaser	• 특별하고 까다로운 돌발 문제에 대한 지원자의 순간적 대응을 통해 창의성 및 문제 해결 역량을 평가할 수 있는 질문	• 지원자의 순발력이나 상황대응능력을 측정할 수 있지만 단편적인 문제 • 자주 사용하면 지원자를 지나치게 피곤하고 경직되게 만드는 역효과

성과지향성(Performance-oriented) 항목

역량 정의	행동 지표	사실 확인	비언어 관찰
주어진 상황에 안주하지 않고 주변 기대보다 높은 목표를 설정해서 끈기 있게 추진하여 결과의 질을 극대화하는 역량을 말한다.	-결과의 기준을 높게 설정한다. -대안을 비교해서 효과적인 방법을 제시한다. -면밀한 전략을 높게 성과목표에 도전한다.	-사고의 유연성을 확인한다. -상대방 배려를 한다. -봉사 활동 경험이 있다.	-공감적 경청 자세를 가진다. -밝은 표정을 띤다. -발음이 정확하고 목소리가 안정적이다.

선행 질문	⋯⋗ 지금까지 처음부터 끝까지 스스로 이루어낸 성과를 달성한 경험이 있습니까?
후속 질문	• 어떤 상황(Situation)이었습니까? • 어떤 어려움(Trouble)이 있었습니까? • 어떤 행동(Action)을 하셨습니까? • 어떤 결과(Result)를 만들었습니까?
질문 의도	어려움과 장애를 어떻게 이겨냈는가? 결과를 만들어낸 경험을 통한 실행력을 갖추고 있는가?
체크 포인트	☑ 업무에서 요구되는 실행력을 가지고 있는지 확인한다. ☑ 높은 수준의 실행력은 짧은 기간에 개발되기 어려운 특성이다.

선행 질문	⋯⋗ 지금까지 처음부터 끝까지 스스로 이루어낸 성과를 달성한 경험이 있습니까?
후속 질문	• 누가(Who) 피드백을 해주었습니까? • 어떤 주기(When)로 피드백을 받았습니까? • 어떤 내용(What)의 피드백을 받았습니까? • 어떤 방법(How)으로 피드백을 받았습니까? g30
질문 의도	본인의 성과달성 수준을 주기적으로 평가받는가? 어떤 피드백을 받았는가?
체크 포인트	☑ 업무에서 요구되는 실행력을 가지고 있는지 확인한다. ☑ 높은 수준의 실행력은 짧은 기간에 개발되기 어려운 특성이다.

✓ 후속 질문 – Follow-up Question

	후속 질문 STAR Question	체크
S	Situation(상황): 어떤 상황이었습니까?	☑ 구체적 배경이나 상황을 알면 이해의 폭이 넓어진다.
T	Task(과제): 어떤 과제를 하셨습니까? Target(목표): 어떤 목표가 있으셨습니까? Trouble(문제): 어떤 어려움이 있었는지요?	☑ 과제는 주어진 일에 대한 책임을 볼 때 ☑ 목표는 스스로 자발적인 동기를 볼 때 ☑ 문제는 어떻게 해결하는지 볼 때
A	Action(행동): 어떤 행동을 하셨습니까?	☑ 구체적 행동 방법을 확인한다.
R	Result(결과): 어떤 결과를 만들었습니까?	☑ 어떤 성과가 났는지 확인한다.

	후속 질문 FACT Question	팩트체크
F	Feeling(느낌): 어떻게 느끼셨습니까?	☑ 구체적 자각이나 학습을 확인한다.
A	Action(행동): 어떤 행동을 하셨습니까?	☑ 구체적 행동 절차를 확인한다.
C	Context(맥락): 어떠한 연관성이 있습니까?	☑ 경험 원칙이나 영향 관계를 확인한다.
T	Think(생각): 그런 생각을 하신 이유는 무엇입니까?	☑ 논리적 근거나 다른 대안 탐색을 확인한다.

불완전한 존재, 면접관

· · · ·

면접관도 지원자였던 적이 있었고 면접관만 직무로 삼는 사람이 많지 않다. 이렇게 면접관은 불완전한 존재인데 자신만의 노하우나 경험 때문에 그렇다. 어떤 사람은 압박하는 질문만 하고 어떤 사람은 그저 지켜보기만 한다. 면접관마다 특성이 달라서 미리 면접관의 질문을 완벽하게 예측하고 그에 꼭 맞는 답변을 준비한다는 것이 얼마나 힘든 일인지 알 수 있다.

면접관도 감정을 가진 사람이므로 냉정하게 지원자를 판단하기가 어려울 때가 있다. 특히, 면접관 자신이 가지고 있는 편견이나 선입견이 면접관을 불완전하게 하는 요소이다. 지원자는 면접에서 최선을 다하면서도 혹시라도 좋지 않은 경우가 발생했을 때 스스로 자책하는 것은 좋지 않다. 면접관마다 좋아하는 유형의 사람이 있다는 점을 인정하는 게 속 편하다.

✅ 1. 질문의 신뢰도 및 타당도의 결여

최종 면접에서 평가 항목과 관련 없는 질문을 한다.

✅ 2. 첫인상의 지배

입사지원서나 인터뷰 초기의 인상이 최종 평가에 영향을 미친다. 요즘 지원서류에서 사진을 보지 않는 경우가 늘고 있다. 블라인드 채용 이유도 성형수술과 같은 외과적 성형은 물론 화장품 사용과 같은 물리적 성형, 더 나아가 일명 "포샵"이라는, 컴퓨터 프로그램이나 스마트폰 앱으로 사진을 보정해 실제 모습과 너무나 다른 경우가 빈번하기 때문이다.

✅ 3. 투사

평가위원이 자신의 배경 및 성격을 닮은 지원자에게 더 좋은 평가 점수를 주거나 그 반대를 말한다. 면접관이 저지르기 쉬운 오류를 방지하는 것도 중요하다.

✅ 4. 편견 및 선입견

집안이 어려웠던 사람은 사고 발생의 우려가 있으므로 선발해서는 안된다는 형태의 편견이다. 반대로 집안이 부유했던 사람은 편하게 생활했으니 조직에 적응하기 어렵다는 것도 선입견이다.

✅ 5. 후광효과

면접관은 지원자의 한 가지 좋은 모습에 현혹되면 그다음에 전체 현상을 결론짓는 경우가 있다. 후광효과의 기능은 면접관이 쉽게 결론 내리도록 하는 것이다. 대표적으로 외모, 신분, 연령, 학력 등과 같이 개인이 가진 특성에서 비롯되며 첫인상도 다른 모든 것을 뛰어넘는 후광효과 요소라고 할 수 있다. 이로써 면접관의 객관적 판단을 흐리고 고정관념에 사로잡히도록 만든다.

✅ 6. 귀납법의 오류

일반적으로 사람들은 개별적으로 관찰한 사실이나 원리를 보편타당한 사실이나 원리로 넓혀서 생각한다. 이러한 오류는 과도한 일반화로 이어지게 되고 면접관도 지원자의 특정한 부분을 보고 다른 사람도 '마치 이럴 것이다'라고 하는 오류에 빠질 수 있다.

✅ 7. 확증 편향

새로운 정보가 우리가 가진 기존의 이론, 가치관, 정보와 모순되지 않는다고 믿는 경향이다. 끊임없이 자기 생각을 바꾸려고 노력하지 않으면 이러한 현상에 빠지기 쉽다. 자신이 믿는 것이 전부라고 생각하면 그와 반대되는 상황, 증거, 견해가 있더라도 눈에 띄거나 귀에 들어오지 않는다. 특히, 모호한 말일수록 그 위력은 더해진다. 확인되지 않은 증거는 스스로 거르고 자신의 믿음을 입증해주는 수많은 증거만 기억한다. 이러한 확증 편향은 쉽게 고치기 어려운데 무의식으로 그것을 수용하는 경우가 많기 때문이다. 사람은 자신이 지금까지 믿고 있었던 신념이 틀렸다는 것을 인정하고 싶지 않다. 상당히 의심스러운 상황이 발생하기까지 그러한 믿음은 지속된다.

✅ 8. 달변

마치 모르는 것을 아는 것처럼 행동하는 사람들이 많다. 스스로 자신을 대단한 것처럼 보이는 데 능숙한 사람을 말한다. 능숙한 말솜씨로 알맹이 없는 말을 많이 하는데 이러한 말이 어느 정도 신빙성이 있는지 판단하기는 쉽지 않다. 내용이 없는 진부한 말이나 뻔한 말조차 능숙하게 전달하므로 그러한 말을 잘 듣는 사람이 많다.

지원자로서 그런 면접관을 만났다면 그의 역량 범위를 파악하고 그 안에 머물면 된다. 그 범위가 얼마나 큰지는 중요하지 않지만, 그 범위의 경계가 어디까지인지 인식하는 것은 매우 중요하다. 말을 많이 하는 사람과 실제로 지식을 많이 가진 사람을 혼동하면 안 된다. 진짜 알고 있는 사람은 자신이 무엇을 알고 무엇을 모르는지 정확히 가리고 있다.

✅ 9. 대비효과

사람들은 사물을 하나만 보여주고 그 가치를 말하라고 하면 명확하게 표현하지 못한다. 그래서 옆에 비교할만한 대상을 찾으려고 한다. 절대적인 기준을 갖고 판단하기가 어렵다는 뜻이다. 대비효과는 일상에서 매우 흔하게 일어나는 오류다.

✅ 10. 사회적 검증과 동조 심리

사회적 검증은 집단 충동이라고 지칭되기도 하는데 다른 사람이 행동하는 것처럼 나도 행동하면 옳다고 믿는 것이다. 어떤 주제에 대해서 옳다고 믿는 사람이 많을수록 그것이 더 진실이라고 착각하는 것이다.

물론 실제로 그것이 진실일 수도 있지만, 아닌 경우라도 주변 사람과 같은 판단을 내려야 한다는 압박감이 동조 심리와 연결된다.

✓ 11. 지수의 확장

사람들은 직선적 또는 단계적 성장에 대해서 직관적으로 이해하지만, 백분율이 높아지는 것에 대한 직감은 떨어진다. 증가하거나 감소하는 비율을 믿는다기보다 직접 계산된 수치를 믿는 것이 더 합리적이다.

✓ 12. 틀 짓기(프레이밍)

프레이밍은 틀에 넣는다는 의미다. 사람들은 같은 사안도 어떻게 묘사하느냐에 따라 다르게 반응한다. 프레이밍은 말하기부터 사물에 대한 관점까지 광범위하게 사용된다. 프레이밍에 빠지기보다 여러 가지 기준을 사용하는 편이 더 공정하다.

✓ 13. 이기적 편향

사람들은 성공의 원인을 자신에게 돌리고 실패의 원인은 외부 요인으로 돌리는 경향이 강하다. 자기 확증 편향이라고도 말할 수 있는데 자신이 초래한 긍정적 결과는 과대평가하고 부정적 결과는 과소평가하는 경향이다. 이러한 오류에서 벗어나려면 외부의 조언을 귀담아들어야 한다.

✓ 14. 호감 편향

호감 편향은 누군가에게 호감이 생기면 그 사람에게 물건을 사거나

그 사람을 도우려는 경향을 보이는 것이며 찾아내기 쉬운 편향에 속한
다. 상대방의 몸짓을 따라 해 공감을 형성하려는 노력이 넓은 의미에서
호감 편향이라고 할 수 있다.

✅ 15. 집단사고

기본적으로 사람들은 주변 사람이 한목소리로 동의하거나 반대하는
의견을 거스르려고 하지 않는다. 생각이 달라고 침묵을 지키는 경우까
지 포함한다. 이렇게 되면 결국 집단의 생각이 결정을 좌우한다. 집단의
가치에 자신을 맞추느라 혼자 내리는 결정이었다면 당연히 반대했을 것
도 찬성으로 동조한다. 집단사고는 만장일치의 환상과도 연결되며 다른
사람은 모두 같은 의견인데 나만 다르다면 그것은 틀린 것이라고 믿는
다. 나만 달리 표현하면 그 집단에서 제외된다고 믿는다.

✅ 16. 이야기 편향

이야기를 왜곡해서 현실을 단순화하는 것으로 원래 앞뒤가 안 맞는
것인데도 억지로 인과관계를 맞추려는 데서 비롯한다. 사람들은 추상적
사실에 대해서는 의심하지만, 이야기는 그저 들으려고 한다. 개별적 사
실로 분리해서 생각하면 말이 안 되는데 인과관계로 이어져 있어서 더
기억하려고 한다.

✅ 17. 통제 환상

현실적으로 할 수 없는 무언가에 대해서 통제하거나 영향을 줄 수 있

다고 믿는 것을 말한다. 자신의 삶이라도 완전하게 통제할 수 없는데, 확실하게 영향을 미칠 수 있는 부분은 얼마 되지 않는다. 그러므로 가장 중요한 부분에 대해서 시종일관 집중해야 한다.

✅ 18. 결과 편향

사람들은 과정의 질적 부분이 아니라 결과를 보고 어떤 결정을 평가하려고 한다. 수없이 반복적으로 시행되었던 것을 관찰해서 어떤 결과나 평가해야 하는데 단순히 결과만 보고 판단하려고 하는 오류다. 결과가 나쁘다고 해서 무조건 의사결정이 잘못된 것은 아니다. 그 반대로 마찬가지인데 어떤 결정을 하더라도 스스로 인정할만한 이유를 가진 다음에 해야 한다.

✅ 19. 결합 오류

잘 구성된 이야기는 직관적으로 이해하기 쉽다. 사람들은 직관적이며 저절로 생각하거나 의식적이며 합리적으로 생각한다. 직관적 이해는 의식적이고 합리적으로 생각하기 전에 추론한다. 중요한 의사결정을 내릴 때는 직관적 이해를 따르기보다 합리적인 결정에 따르는 것이 실수를 줄이는 방법이다.

✅ 20. 경험에 대한 판단오류

체험이나 경험을 중심으로 역량을 판단하다 보니 과거 경험이 많으면 당연히 역량이 있을 것이라는 오류에 빠지기 쉽다. 그러므로 필요할 때는 반드시 더 깊게 질문해서 오류를 줄이려고 노력해야 한다.

Epilogue

합격은 마인드셋에 달렸다

| 실무 능력과 인성 면접의 중요성

　도덕성 · 인성에서 부정적인 평가를 받은 입사지원자의 경우 다른 숙련이 뛰어나도 합격 가능성이 매우 낮다. 인사담당자들이 면접 단계에서 가장 중요하게 보는 속성으로 도덕성 · 인성이 압도적으로 높게 나타난다. 다른 능력이 뛰어나더라도 도덕성 · 인성이 부족하면 회사에 부정적 영향을 끼칠 가능성이 크므로 도덕성 · 인성은 필수 조건에 가깝다는 것이 기업 인사담당자들의 견해다.

　직업기초능력이 회사와 직무에 대한 이해나 직무 관련 기초지식보다 중요도가 높다. '일은 배우면 되지만, 사람은 안 변하기 때문'이며 어느 정도 기초만 되어 있으면 일은 들어와서 배우면 되기 때문이다.

　직원 채용에 대한 기대가 크면 당연히 면접 절차는 더 어려워지고 중요해진다. 면접은 이력서보다 더 중요하며 어느 조직이나 면접에 관한 기술을 높이기를 희망한다. 사업은 현실이며 시간 등의 제약 아래 사람을 채용해야 한다. 면접을 잘 보려면 까다로운 질문을 잘 받을 준비를 해야 한다. 지원자가 지닌 가능성과 한계를 살펴보는 것이 면접이며 지원자에게 필수 질문을 해서 각 지원자를 비교하기 때문에 공통적인 질문에 대한 답변은 더욱 신경 써야 한다.

핵심인재의 조건	자질	실천
업무	전문성(지식 보유)	적극성(변화 주도)
인성	도덕성(사명감)	언행일치(실천력)

▌인성이 나쁘면 다른 것도 의미 없다

면접 단계를 통과하여 최종적으로 채용되기 위해서는 직업기초능력 (도덕성·인성, 팀워크, 문제해결 능력, 인내력 등)이 중요하다. 고등학교를 졸업하면서 관련 역량을 키우는 것이 중요하며 대학에서 단순한 전공교육을 넘어서 직업기초능력이 자연스럽게 배양되도록 유도할 필요가 있다. 지원자 입사 의지와 관심 수준 등을 파악하기 위해 기업 관련 정보를 많이 묻지만, 인성에 관한 사항도 반드시 면접 전체 단계에서 한 번 이상은 물어본다.

회사에 대한 충성도를 알아보기 위한 질문으로 회사 상황과 본인 가치가 상충할 때 어떤 것을 선택할 것인지를 물어보는 방식도 활용되고 있다. 이런 질문에 대해서는 회사의 뜻을 거스르지 않는 범위 내에서 본인 가치를 지키는 방안을 제시하는 것이 좋다. 바로 이런 질문에 대한 답변이 인성을 파악하는 기준이라고 할 수 있다.

● 인성 미달 유형

- 제멋대로 자기주장이 강하고 응석받이
- 부정적인 사고방식의 사람
- 외고집으로 전혀 융통성이 없는 사람
- 정보에 둔감한 타입
- 지적 능력이 열등한 사람

- 전공과목과 교양의 균형이 이루어져 있지 않은 사람
- 생각이나 요구를 논리적으로 주장할 수 없는 사람
- 대답이 분명치 않고 인정이 없는 사람
- 우수한 점도 있으나 특별히 쓸모가 없는 허약한 사람

| 인성은 직업윤리로 이어진다

최종 면접에서 회사에서 가장 중요시 보는 것은 인성인데 그것은 직업윤리와 밀접한 관련이 있다. 어느 정도 역량을 갖추었는지는 이력서, 자기소개서, 구조화된 면접에서 어느 정도 관찰 가능한데 인성은 면접에서 가장 파악하기 어려운 부분이다.

최근 기업은 직업윤리와 연관된 인성을 중요하게 본다. 직업윤리에 관한 질문에 잘 대답하는 것이 면접의 당락을 좌우할 수 있다. 특히, 면접관은 지원자가 거짓말을 하는지 과장해서 말하는지 직감적으로 알아챌 수 있다. 결국 합격 여부는 태도에 달렸다. 당신이 어떤 태도를 보이느냐가 채용에서 좋은 결과를 불러올 것이다.

현재부터 가까운 미래까지 자기소개서나 면접 준비에 챗GPT가 커다란 도움이 될 수는 있어도 인성을 대신해줄 수는 없다. 이에 직업윤리, 직장 내 예절, 세대 간 가치관 차이와 같은 인간 대 인간의 문제는 챗GPT에게 만족할 만한 답변을 듣기는 어렵다.

그렇지만 챗GPT가 자기소개서와 면접 준비의 효율성을 극대화할 수 있다. 업무에도 챗GPT를 활용하는 사람이 기하급수적으로 늘어나고 있기에 앞으로 채용시장 전체 흐름에 커다란 영향을 주리라고 예상된다.

참고자료

곽희양, 『대기업 ‘채용 참고자료’ AI 독일까, 득일까』, 경향신문, 2018.09.03.

김미지, 『직원 채용 ‘사심 없는 AI 면접’ 해외 도입 열풍』, 영남일보, 2017.07.27.

김태원, 『ChatGPT 활용 사례 및 전망』, 『IT & Future Strategy 보고서』, NIA 한국지능정보사회진흥원, 2023.

마크펜 · 메러디스 파인만, 『마이크로트렌드 X』, 김고명 옮김, 길벗, 2018.

서예림, 『AI면접에서 점수 따는 7가지 방법』, 뉴스튜데이, 2022.04.09.

송준용, 『챗GPT 사용설명서』, 여의도책방, 2023.

윤영돈, 『SELF-UPGRADE 경력 자기소개서』, 양서원, 2003.

윤영돈, 『글쓰기 신공 5W4HIT』, 경향미디어, 2017.

이수현 · 전상홍, 『ChatGPT 현황과 저작권 이슈』, 저작권위원회, 2023.

이시한, 『GPT 제너레이션』, 북모먼트, 2023.

존 나이스비트 · 도리스 나이스비트, 『미래의 단서』, 우진하 옮김, 부키, 2018.

주영재, 『AI가 신입사원 채용 심사? “객관적” “회의적” 의견 분분』, 경향신문, 2018.04.16.

테일러 피어슨, 『직업의 종말』, 방영호 옮김, 부키, 2017.

한국경제 글로벌포럼 사무국, 『새로운 인재가 온다』, 한국경제신문, 2010.

https://www.tealhq.com/post/how-to-use-챗GPT-to-write-your-cover-letter

https://uxdesign.cc/here-to-get-an-ai-to-write-a-cover-letter-for-every-position-you-apply-to-91b0fde1f2b8

https://www.fastcompany.com/90848728/how-to-write-a-cover-letter-using-챗GPT

챗GPT 자기소개서

초판 1쇄 2023년 07월 20일

지은이 윤영돈, 김영재
발행인 김재홍
교정/교열 김혜린
디자인 박효은
마케팅 이연실

발행처 도서출판지식공감
등록번호 제2019-000164호
주소 서울특별시 영등포구 경인로82길 3-4 센터플러스 1117호 (문래동1가)
전화 02-3141-2700
팩스 02-322-3089
홈페이지 www.bookdaum.com
이메일 jisikwon@naver.com

가격 17,000원
ISBN 979-11-5622-810-3 13320